让心灵洒满阳光

——高校心理育人理论与实践

张海霞◎著

中国财经出版传媒集团

经济科学出版社
Economic Science Press

图书在版编目（CIP）数据

让心灵洒满阳光：高校心理育人理论与实践／张海霞著．
--北京：经济科学出版社，2021.8
ISBN 978-7-5218-2816-0

Ⅰ.①让… Ⅱ.①张… Ⅲ.①大学生-心理健康-健康教育-高等学校-教材 Ⅳ.①G444

中国版本图书馆CIP数据核字（2021）第177424号

责任编辑：顾瑞兰
责任校对：齐 杰
责任印制：邱 天

让心灵洒满阳光
——高校心理育人理论与实践
张海霞 著
经济科学出版社出版、发行 新华书店经销
社址：北京市海淀区阜成路甲28号 邮编：100142
总编部电话：010-88191217 发行部电话：010-88191522
网址：www.esp.com.cn
电子邮箱：esp@esp.com.cn
天猫网店：经济科学出版社旗舰店
网址：http://jjkxcbs.tmall.com
固安华明印业有限公司印装
710×1000 16开 11.25印张 170000字
2021年9月第1版 2021年9月第1次印刷
ISBN 978-7-5218-2816-0 定价：59.00元
（图书出现印装问题，本社负责调换。电话：010-88191510）

序

早在20世纪90年代中期，面对经济体制发生重大变化带来的学生思想政治教育的新要求、新课题，中共中央对进一步加强和改进学校德育工作进行部署，明确提出“德育工作要与关心指导学生的学习、生活相结合，与加强管理相结合。德育工作者要深入到学生中去，通过谈心、咨询等活动，指导他们处理好在学习、成才、择业、交友、健康、生活等方面遇到的矛盾和问题”。自此以来，心理咨询和心理健康教育逐渐融入学校德育工作，成为大中小学校学生思想政治教育的有机组成部分，受到教育主管部门和各级各类学校重视。2016年12月7日至8日，全国高校思想政治工作会议在北京举行，习近平总书记出席会议并发表重要讲话。他强调，思想政治工作从根本上是做人的工作，必须围绕学生、关照学生、服务学生，让学生成为德才兼备、全面发展的人才。2017年12月，中共教育部党组印发《高校思想政治工作质量提升工程实施纲要》，将“心理育人”纳入新时代高校思想政治工作质量提升“十大”育人工程之中，明确提出高校心理育人的目标与要求。从“心理咨询”到“心理育人”，是心理健康教育与高校思想政治工作融合发展的必然结果，凸显了心理健康教育的德育属性和育人功能。

目前在校的大学生基本上都是“00后”，和“80后”“90后”大学生相比，在思想、行为表现和心理健康水平等方面存在明显的代际差异。科学把握学生的思想、心理、行为发展变化的特点，遵循学生成长成才规律，推进思想政治工作的精细化、个性化，才能有效提升高校思想政治工作质量。在这样的背景下，张海霞老师的新著《让心灵洒满阳光——高校心理育人理论与实践》即将出版，实在是一个值得关注的学术事件。作为她攻读博士学位时的导师和该书的第一批读者之一，欣喜之余忍不住要向学界同仁推介此书。

纵览全书，作者坚持理论与实践相结合，历史与现实相贯通，从理论逻辑、历史逻辑、实践逻辑三个维度系统研究了高校心理育人基础理论、历史演进和现实发展等问题。概括起来，全书至少有三个主要特点。一是对高校心理育人的准确定位。作者注重系统思维，始终把心理育人作为大学生思想政治教育实践体系中的重要组成部分，作为高校思想政治工作质量提升工程中的重要子工程，展开历史回顾、理论研究与实践探讨。该书坚持“育心”与“育德”相统一，强调在了解学生需求、尊重学生个性发展的基础上，不断为学生提供接纳、欣赏与肯定的正向心理支持，注重对学生的认知、情感、意志、行为、人格与价值观等进行深层次的引导与干预，从心理和精神层面促进学生全面发展。二是注重严密的逻辑分析。该书从阐释高校心理育人的科学内涵、功能、理论基础等理论问题着手，在全面回顾总结改革开放以来高校心理健康教育的发展脉络和历史经验的基础上，揭示高校心理育人的基本规律与发展趋势，进而对新时代高校心理育人科学发展的实践路径进行探索，较为系统地回答了心理育人的理论逻辑、历史逻辑和实践逻辑。三是运用正确方法开展研究。该书坚持辩证唯物主义和历史唯物主义方法论指导，综合运用文献研究、系统分析、个案研究等多种研究方法，努力做到历史与现实相结合、应然与实然相结合、综合概括与个案分析相结合，读来既接“地气”，又有一定的理论深度。

人的心理是一个无限复杂的世界，心理健康教育、心理育人是一个典型的复杂适应系统。要想真正洞悉本质、揭示规律，进而在理论和实践层面都达至科学，不是一辍而就之事，也非海霞老师这本《让心灵洒满阳光——高校心理育人理论与实践》新书所能全部完成的任务。但我们相信，这本书对深化心理育人理论研究、推进高校心理健康教育实践发展，一定是会有所裨益的！我们更有理由相信，只要不忘初心，矢志坚守于大学生思想政治教育这座学术百花园辛勤劳作，海霞老师会不断有所收获，我们也就有机会分享到她在心理健康教育、心理育人研究中的创新性成果！

敬请大家一起耐心等待！

2021 年 9 月 8 日

前言

心理育人是一种旨在提高个体心理素质、促进个体身心健康和谐发展的教育活动。在高校思想政治工作中，将心理健康教育称为心理育人，是改革开放以来高校心理健康教育发展的结果，是心理健康教育与思想政治教育结合的成果体现。2017 年 12 月，中共教育部党组印发《高校思想政治工作质量提升工程实施纲要》，将心理育人纳入高校思想政治工作质量提升十大育人工程之中，明确提出大力促进高校心理育人的目标与要求。心理育人被列为“十大”育人体系之一，成为高校思想政治工作质量提升工程的重要组成部分，更加强调将思想政治工作贯穿于心理健康教育全过程，更加强调将提高大学生心理健康素质与提高大学生思想政治素质相统一。2018 年 7 月，为了进一步提升高校心理育人质量，中共教育部党组又印发了《高等学校学生心理健康教育指导纲要》，对新时代大力促进高校心理育人提出了明确的指导意见和实施要求，提出要“坚持育心与育德相统一，加强人文关怀和心理疏导”“促进学生心理健康素质与思想道德素质、科学文化素质协调发展”①。大力促进高校心理育人是新形势下提升高校思想政治工作质量的重要内容，是我国高校立德树人的根本要求，也是改革开放40 多年来我国高校思想政治工作的基本经验，更是新时代高校思想政治工作创新发展的重要任务。

一、推进心理育人是我国高校立德树人的根本要求

教育的根本是培养人，但培养什么样的人并不是一成不变的，而是因

① 中共教育部党组：《高等学校学生心理健康教育指导纲要》，中华人民共和国教育部网站，2018 年 7 月 13 日。

时而定、因势而为的。党的十八大以来，以习近平同志为核心的党中央围绕“培养什么人、怎样培养人”这一根本问题，将“立德树人”作为教育的根本任务，深刻阐释了教育的本质。在全国高校思想政治工作会议上，习近平总书记强调指出，“高校立身之本在于立德树人”①。“立德树人”以“树人”为目标，以“立德”为核心。“树人”就是要培养德智体美全面发展的社会主义建设者和接班人，“立德”就是坚持“育人为本、德育为先”的原则，不断提高学生思想政治素质和科学文化素质，把学生培养成为德才兼备、全面发展的人才。“立德”的根本是“坚持正确的政治方向”，即要使学生树立起为共产主义事业奋斗终身的理想信念，自觉成为能“担当民族复兴大任的时代新人”。“立德树人”是“立德”与“树人”的辩证统一。“树人”是根本目标，“立德”是实现途径，树什么样的人就需要立什么样的德；“立德”影响并反作用于“树人”，立什么样的德也决定了树什么样的人。“立德”与“树人”辩证统一于高校的办学目的与办学方针之中。在全国高校思想政治工作会议上，习近平总书记强调指出，“高校思想政治工作关系高校培养什么样的人、如何培养人以及为谁培养人这个根本问题。要坚持把立德树人作为中心环节，把思想政治工作贯穿教育教学全过程，实现全程育人、全方位育人，努力开创我国教育事业发展新局面”②。这为新时代高校思想政治工作的开展提供了根本遵循，要始终围绕立德树人这一中心环节，着力培养“担当民族复兴大任的时代新人”，着力培养“德智体美劳全面发展的社会主义建设者和接班人”，着力培养德才兼备的高素质人才。德才兼备的高素质人才，不仅要有过硬的思想政治素质、扎实的科学文化素质和健康的身体素质，还要有良好的心理品质和健全的人格。良好的心理品质和健全的人格是个人健康成长的基本条件和顺利实现社会化的心理基础。

一个人的心理行为问题和思想观念问题本身就是密不可分的。心理和

---

①② 《习近平在全国高校思想政治工作会议上强调：把思想政治工作贯穿教育教学全过程开创我国高等教育事业发展新局面》，《人民日报》2016年12月9日。

思想都是人的精神现象，心理是思想的基础，思想是心理的高级形式，思想的发展离不开心理的成熟，良好思想政治素质的形成依赖于身心和谐发展和健全的人格。同时，人的思想的形成和发展过程也是心理发展过程。思想政治素质的形成需要经过内化和外化两个过程，需要经过认知、情感、意志、信念、行为等心理发展阶段，都需要心理活动的参与，也受心理活动的制约。心理育人旨在提升心理素质和意志品质，培养健全人格，实现人与自己、人与他人、人与社会的和谐相处，其最终目的也是树人，是育心与育德的有机结合。心理育人作为高校思想政治工作的重要组成部分，推进心理育人是促进学生全面健康成长的重要途径，是落实高校立德树人根本任务的要求。首先，促进大学生身心和谐发展是提升育人质量的本质要求。学生身心和谐发展是学生获取知识、学习技能的基础，也是学生全面发展智力、创造力和形成良好的思想道德品质、创新精神等综合素质的基础。大力促进心理育人，可以帮助解决大学生的身心健康问题，为大学生的健康成长、成才提供身心保障，还可以实现特殊群体大学生心理素质的提升，确保育人质量在每个学生身上获得必要的展现。其次，大力促进心理育人是实现育人质量内涵式发展的基础。大力推进心理育人，不仅有利于构建积极健康的心理氛围、塑造健康向上的精神品质、形成理性平和的社会心态，而且还有利于引导教师教学和素质提升，更加注重人文关怀，更好朝着以生为本的方向发展。最后，提升心理健康素养、塑造健全人格是促进大学生成长成才的内在需要。从实现专业学习的发展需要来看，心理健康教育为其提供积极良好的学习动机；从实现社会生活的发展需要来看，心理健康教育为其适应社会人际环境和塑造社会认可的心理品质提供必要帮助；从实现个人全面发展需要来看，心理健康教育帮助其形成正确认知并激发持久动力。

二、坚持心理育人是我国高校思想政治工作的基本经验

中国高校心理健康教育起步于20世纪80年代中期，从诞生之日起，心理健康教育就是高校思想政治工作的主要内容之一，这在不同时期颁发的关于高校思想政治工作的相关文件中都有体现。1994年，中共中央颁发《中共中央关于进一步加强和改进学校德育工作的若干意见》，把“指导学

生在……心理素质方面尽快适应新的要求”作为新形势下“学校德育工作需要研究和解决的新课题”之一，提出“通过各种方式对不同年龄的学生进行心理健康教育和指导，帮助学生提高心理素质，健全人格，增强承受挫折、适应环境的能力”的任务。① 在1995年国家教委颁布的《中国普通高等学校德育大纲（试行）》中，培养学生“健康的心理素质”被纳入“德育目标”，“心理健康教育”成为一项重要的“德育内容”，“加强心理健康和心理素质方面的咨询与指导”既是“日常思想教育工作”也是“德育途径”之一。② 2004年，中共中央、国务院颁布《关于进一步加强和改进大学生思想政治教育的意见》，提出要“开展深入细致的思想政治工作和心理健康教育”，并提出了如何开展心理健康教育的具体要求。③ 2017年，中共中央、国务院印发《关于加强和改进新形势下高校思想政治工作的意见》，提出要“加强人文关怀和心理疏导，促进大学生身心和人格健康发展”④。这些不同时期高校思想政治工作的纲领性文献都将心理健康教育作为高校思想政治工作的一项重要内容，并做了详细的规定。

同时，在不同时期教育部颁发的若干关于高校心理健康教育的专项文件中，也都把心理健康教育作为高校思想政治工作的一部分来定位。2001年，教育部出台了《关于加强普通高等学校大学生心理健康教育工作的意见》，这是教育部出台的第一个高校心理健康教育的专项文件。意见明确指出，加强大学生心理健康教育工作“是高等学校德育工作的重要组成部分”⑤。2005年，教育部、卫生部、共青团中央联合颁发《关于进一步加强和改进大学生心理健康教育的意见》，提出“加强和改进大学生心理健

---

①⑤ 教育部思想政治工作司：《加强和改进大学生思想政治教育重要文献选编（1978—2014）》，知识产权出版社2015年版，第144～145页。

② 教育部思想政治工作司：《加强和改进大学生思想政治教育重要文献选编（1978—2014）》，知识产权出版社2015年版，第155页。

③ 教育部思想政治工作司：《加强和改进大学生思想政治教育重要文献选编（1978—2014）》，知识产权出版社2015年版，第267～268页。

④ 《中共中央、国务院印发〈关于加强和改进新形势下高校思想政治工作的意见〉》，中华人民共和国中央人民政府网站，2017年2月27日。

康教育……是加强和改进大学生思想政治教育的重要任务”①。2011 年，教育部办公厅印发《普通高等学校学生心理健康教育工作基本建设标准（试行）》，制定《普通高等学校学生心理健康教育课程教学基本要求》，再次重申“加强和改进大学生心理健康教育是……加强和改进大学生思想政治教育的重要任务”②。这一系列关于心理健康教育的文件，都将心理健康教育定位为高校思想政治工作的一部分。

30 多年来，高校思想政治工作既为心理健康教育提供了外部资源支持，也提供了内部智力支持，深刻影响着心理健康教育的发展速度、方向、规模和模式。③ 同时，高校心理健康教育也对高校思想政治教育具有积极的意义，进一步强化了思想政治教育的个体性功能，确立了教育对象的主体性，改善了思想政治教育过程中的师生关系，奠定了思想政治教育接受的心理基础，丰富了思想政治教育的方法与手段等。④ 总之，高校心理健康教育在与高校思想政治工作的互动和结合中不断发展。

三、提升心理育人质量是新时代高校思想政治工作的重要任务

中国特色社会主义进入新时代，这是我国新的历史方位。这个新时代既是全面建设社会主义现代化强国的新时代，也是奋力实现中华民族伟大复兴的新时代，更是高校思想政治工作科学发展的新时代。建设社会主义强国要求必须建设教育强国、人才强国，要全面提升人才培养质量。实现中华民族伟大复兴最关键的一环就是要培养一批批能担当民族复兴大任的时代新人，这是时代赋予高校思想政治工作的新的历史使命。建设社会主义现代化强国、实现中华民族复兴要求必须培养拥护中国共产党领导的德才兼备的高素质人才，必须培养德智体美劳全面发展的社会主义建设者和

---

① 教育部思想政治工作司：《加强和改进大学生思想政治教育重要文献选编（1978—2014）》，知识产权出版社 2015 年版，第 281 页。

② 教育部思想政治工作司：《加强和改进大学生思想政治教育重要文献选编（1978—2014）》，知识产权出版社 2015 年版，第 455 页。

③ 马建青、石变梅：《30 年来高校思想政治教育对心理健康教育发展的影响探析》，《思想理论教育》2018 年第 1 期。

④ 马建青、石变梅：《30 年来高校心理健康教育对思想政治教育的影响分析》，《学校党建与思想教育》2017 年第 10 期。

接班人，其中身心健康是基础和前提。只有拥有健康的体魄、良好的心理素质和健全的人格，才能更好提升思想政治素质和科学文化素质，才能做到德才兼备，也只有身心和谐发展的人才有可能成为全面发展的人。因此，全面提升心理育人质量是发展素质教育、促进人的全面发展的应有之义，也是新形势下全面贯彻党的教育方针、落实立德树人根本任务的基本要求，是新时代高校思想政治工作的重要任务。

提升心理育人质量是促进社会和谐发展、实现国家治理能力现代化的根本要求。党的十九大报告指出，要打造共建共治共享的社会治理格局，加强社会心理服务体系建设，培育自尊自信、理性平和、积极向上的社会心态。高校心理育人工作是社会心理服务体系建设的重要组成部分，提升高校心理育人质量有助于促进社会和谐发展，有利于实现社会治理向善向好。第一，经济全球化是不可逆的世界发展趋势，文化多元化是经济全球化的必然结果，而文化多元化又必然会导致价值取向的多元和思想体系的多样。多元化的价值取向和多样性的思想体系之间相互冲突，使人们面临信仰的缺失、价值观的错位等思想和心理问题。第二，改革开放的深入推进必然会加速社会转型，社会转型期新旧思想观念的冲突会使社会矛盾冲突加剧，使得社会问题凸显，引发人们多方面的思想和心理问题。第三，伴随着社会信息化的快速发展，网络已成为人们的生存、生活空间，但网络空间与现实社会之间还尚未实现完全的融合，穿梭于网络和现实生活两个空间之中，容易使人们在虚拟与现实生活的转换中迷失自我，产生心理问题。要解决上述社会问题，就要求必须切实加强社会心理服务体系建设，尤其是要加强高校心理育人工作，这是因为：一方面，高校肩负培养人的重任，人才培养质量不仅关系社会主义现代化建设事业的成败，也关系着社会的和谐稳定；另一方面，高校也是社会发展的风向标和引领者。在全国高校思想政治工作会议上，习近平总书记强调，“要坚持不懈促进高校和谐稳定，培育理性平和的健康心态，加强人文关怀和心理疏导，把高校建设成为安定团结的模范之地”①。提升高校心理育人质量是建设平安

① 《习近平在全国高校思想政治工作会议上强调：把思想政治工作贯穿教育教学全过程开创我国高等教育事业发展新局面》，《人民日报》2016 年 12 月 9 日。

中国、和谐社会、文明校园的内在要求和重要保障。

提升心理育人质量是提高人才培养质量、促进大学生全面成长成才的根本要求。大学生是民族的希望、祖国的未来，其培养质量直接关系着社会主义现代化事业的成败，影响着中华民族伟大复兴“中国梦”的实现。近年来，青年大学生群体中出现的“空心病”“丧文化”“佛系”“道系”“躺平”等现象，流行词可谓层出不穷，貌似没有太大关系，但仔细分析其实质会发现，折射出的都是当前大学生群体的一种消极心理状态和精神空虚的思想状况。“空心病”的“核心的问题是缺乏支撑其意义感和存在感的价值观”，是一种“因为价值观缺陷所致的群体心理障碍”①，既是心理问题，更是思想问题，其实质是信仰和价值观的缺失导致的精神空虚；“丧文化”作为流行于青年群体中的一种带有颓废、绝望、悲观等浓厚情绪色彩的青年亚文化现象，折射出的是当代青年不求上进、无奈的社会心态和社会心理，其实质是对现实生活的无声反抗之后的无奈；“佛系”“道系”指的都是在快节奏的都市生活中追求平和、淡然生活的一种心理状态，折射出的是青年群体对现实生活的逃避，其实质是对现实生活的消极应对；“躺平”指的是青年群体面对激烈的社会竞争压力，“选择最无所作为的方式反叛裹挟”②，其实质也是一种对现实生活的消极应对。社会存在决定社会意识，每一种社会现象的产生都必然有其社会原因，但社会意识又反作用于社会存在，对这些因社会问题表现出来的社会现象的解决又会促进社会的发展。因此，要有效解决青年大学生群体出现的这些社会问题，就必须进一步加强高校思想政治工作和心理健康教育，全面了解青年大学生的心理特点和精神需求，将解决思想问题与加强心理疏导相结合，为学生的健康成长奠定坚实的心理基础和思想基础，实现育心与育德的统一。

因此，把握新时代高校心理育人的科学内涵，厘清大力促进高校心理育人的基本思路，抓住有效提升高校心理育人质量的关键环节，做好重点学生群体的思想教育与心理疏导，积极探索高校心理育人实践道路，推动高校心理育人科学化发展，是当前高校思想政治工作者必须深度思考和急需解决的重要问题。

---

① 徐凯文：《“空心病”也是一种心理障碍》，《大众卫生报》2017 年 7 月 25 日。

② 光明网评论员：《年轻人选择“躺平”，也是在传递信号》，光明网，2021 年 5 月 8 日。

目　录

第一章　高校心理育人的基础理论问题阐释 …………………………… 1

第一节　高校心理育人的科学内涵 …………………………………… 1

第二节　高校心理育人的功能 ………………………………………… 9

第三节　高校心理育人的理论基础与思想资源 ……………………… 15

第二章　改革开放以来高校心理育人的历史演进 ………………………… 20

第一节　改革开放以来高校心理育人的发展历程 …………………… 20

第二节　改革开放以来大学生心理健康教育发展的历史经验 …… 39

第三节　改革开放以来高校心理健康教育发展的特点 …………… 45

第三章　大力促进高校心理育人的基本思路 …………………………… 50

第一节　科学定位高校心理育人的主要目标 ……………………… 51

第二节　严格遵循高校心理育人的基本原则 ……………………… 59

第三节　准确把握高校心理育人的基本要求 ……………………… 64

第四节　系统构建高校心理育人质量提升体系 …………………… 70

第四章　高校心理育人的关键环节 …………………………………… 79

第一节　构建普及性教育体系 ………………………………………… 79

第二节　构建心理危机预警干预机制 ……………………………… 86

第三节　打造专业化师资队伍 ………………………………………… 94

第四节　搭建资源共建共享平台 …………………………………… 102

第五节　形成示范带动良好效应 …………………………………… 109

第五章　高校心理育人的重点群体 …… 113
第一节　大一新生 …… 113
第二节　家庭经济困难学生 …… 122
第三节　学业困难学生 …… 132
第四节　违纪学生 …… 142

参考文献 …… 152
后　记 …… 165

第一章　高校心理育人的基础理论问题阐释

心理育人是新时代高校思想政治教育工作的重要组成部分，是高校育人共同体的重要构成，教育部《高校思想政治工作质量提升工程实施纲要》明确要求把心理育人纳入新时代高校思想政治教育工作十大育人体系，并在《高等学校学生心理健康教育指导纲要》中将“坚持育心与育德相统一”作为心理育人的指导思想，也为新时代高校心理育人的发展指明了方向。厘清高校心理育人的科学内涵，把握心理育人的主要特点，明晰心理育人的时代价值，是深化高校心理育人研究的基础。

第一节　高校心理育人的科学内涵

“为谁育人”“育什么人”“如何育人”是教育最核心的问题。习近平总书记在全国教育大会上明确指出，“我国是中国共产党领导的社会主义国家，这就决定了我们的教育必须把培养社会主义建设者和接班人作为根本任务，培养一代又一代拥护中国共产党领导和我国社会主义制度、立志为中国特色社会主义奋斗终身的有用人才。这是教育工作的根本任务，也是教育现代化的方向目标”①。新时代的教育要培养的是担当民族复兴大任的时代新人，是社会主义建设者和接班人，应该是品德高尚、人格健全、身心健康、全面发展的人。育人是一项系统工程，需要全面统筹办学治校

① 《习近平在全国教育大会上强调：坚持中国特色社会主义教育发展道路　培养德智体美劳全面发展的社会主义建设者和接班人》，《人民日报》2018 年 9 月 11 日。

各领域、教育教学各环节、人才培养各方面的育人资源和育人力量。心理育人作为“十大”育人工程之一，具有乘数效应，能对其他育人起着“酵母”式的促发和放大作用，直接影响育人的整体水平。

一、心理的含义

心理育人不是一个单一的概念，由“心理”和“育人”两个词构成，其中，“育人”是根本，是核心，“心理”是实现“育人”目的的方法、途径，但又不单纯只是方法和途径，具有丰富的内涵。

（一）“心理”是“育人”的途径和方法

这是心理育人中“心理”普遍意义上的含义，即要运用心理学的理论、技术和方法，通过加强大学生心理健康教育来实现“育人”目的。心理健康教育为思想政治教育者深入理解人和人的思想、心理、行为的实质提供了一种理论框架、一种新的视角，为解决学生的思想、心理、行为问题提供了行之有效的科学方法，减少、避免了不良行为和心理障碍的发生、发展，有效地处理了思想政治教育工作中的某些棘手问题。心理健康教育（特别是心理咨询）拥有一套助人的方法，这些方法不仅被科学证明是有效的，而且具有较强的可操作性，对改进思想政治教育产生了积极的作用。

（二）“心理”是“育人”要实现的目的之一

2018 年，教育部党组印发的《高等学校学生心理健康教育指导纲要》中指出，要“坚持育心与育德相统一”“促进学生心理健康素质与思想道德素质、科学文化素质协调发展”①。心理育人作为高校思想政治工作“十大”育人工程之一，“育人”就是要将“育心”与“育德”相统一，培养德才兼备、心理健康素质与思想道德素质、科学文化素质协调发展的人才。因此，提升大学生心理健康素质、培养健全人格是育人要实现的目的之一。学生人格健全、身心和谐发展不仅是学生获取知识、学习技能的基

---

① 中共教育部党组：《高等学校学生心理健康教育指导纲要》，中华人民共和国教育部网站，2018 年 7 月 13 日。

础，也是学生全面发展智力、创造力和形成良好的思想道德品质、创新精神等综合素质的基础，更是促进大学生全面成长成才的内在需要。从实现专业学习的发展需要来看，心理健康教育为其提供积极良好的学习动机；从实现社会生活的发展需要来看，心理健康教育为其适应社会人际环境和塑造社会认可的心理品质提供必要帮助；从实现个人全面发展需要来看，心理健康教育帮助其形成正确认知并激发持久动力。

（三）“心理”是“育人”的一种氛围和环境

育人是一项复杂的系统性工程，既需要发挥显性的教育因素的作用，也需要发挥隐性教育因素“潜移默化”“润物无声”的作用。习近平总书记在学校思想政治理论课教师座谈会上提出“八个统一”的要求，其中之一就是“要坚持显性教育和隐性教育相统一”，心理育人也是一种非常好的隐性教育方式。在教育过程中，教育者既要善于运用心理学原理、根据受教育者的心理需求、接受特点和接受规律来创设良好的教育环境，通过环境来潜移默化地实现育人目的，也要善于运用个人的人格魅力来影响受教育者，使受教育者在不知不觉中接受教育。

总之，“心理”与“育人”是具有内在逻辑关联的有机整体，通过“心理”实现“育人”目标，通过“育人”促进“心理”发展，二者统一于教育教学实践活动之中。

二、心理育人的内涵

心理育人概念的提出可以说是改革开放以来高校心理健康教育发展的结果，是心理健康教育与思想政治教育结合的成果体现。心理育人与心理健康教育虽然都涉及心理教育，但又不完全相同，二者的目的都是育人，但是侧重点不同，心理健康教育侧重的是心理教育，注重提升人的心理素质，而心理育人的目的是实现“育心”与“育德”的统一，“育人”的目标、是根本，是心理育人的出发点和归宿。

习近平总书记2016年在全国高校思想政治工作会议上指出，“要坚持把立德树人作为中心环节，把思想政治工作贯穿教育教学全过程”“思想政治工作从根本上说是做人的工作，必须围绕学生、关照学生、服务学生，不断提高学生思想水平、政治觉悟、道德品质、文化素养，让学生成为德才兼备、全面发展的人才”①。2017 年，教育部党组印发的《实施纲要》中将心理育人纳入高校思想政治工作质量提升工程，明确指出大力促进高校心理育人的目标和要求。2018 年 7 月，为了切实加强高校思想政治工作体系建设，进一步提升心理育人质量，教育部党组又印发了《高等学校学生心理健康教育指导纲要》，进一步提出：“把立德树人的成效作为检验学校一切工作的根本标准，着力培养德智体美全面发展的社会主义建设者和接班人。坚持育心与育德相统一，加强人文关怀和心理疏导，规范发展心理健康教育与咨询服务，更好地适应和满足学生心理健康教育服务需求。”② 心理育人是新形势下提升思想政治工作质量的重要内容，也是新时代高校心理健康教育的新任务、新使命。

所谓心理育人，就是教育者从教育对象的身心实际出发，遵循人的心理成长规律和教育规律，通过心理健康知识的宣传教育、心理问题的辅导咨询、心理危机的预防干预等途径，在心理层面上对学生施加积极影响，培育自尊自信、理性平和、积极向上的健康心态，促进其心理健康素质与思想道德素质、科学文化素质协调发展，最终实现其健康成长成才，以达到育人育德的目的。在心理育人工作体系中，教育者既包括高校专兼职心理健康教育教师，也包括全体师生员工，还可以扩大到学生家长和社会各界。教育对象包括全校师生，主要对象是高校学生，本书在论述中将心理育人的对象主要限定为高校大学生群体。

（一）心理育人的着眼点是促进学生全面成长成才

马克思主义关于人的全面发展、人的本质等人学思想为新时代高校心理育人提供了重要的哲学理论基础。实现“每个人的全面而自由的发展”是马克思主义的最高社会理想，也是人类社会的最终目标。而人的自由发

① 《习近平在全国高校思想政治工作会议上强调：把思想政治工作贯穿教育教学全过程 开创我国高等教育事业发展新局面》，《人民日报》2016 年 12 月 9 日。

② 中共教育部党组：《高等学校学生心理健康教育指导纲要》，中华人民共和国教育部网站，2018 年 7 月 13 日。

展是建立在个人全面发展这一基础上的自由个性发展，是人的发展的高级形式，其结果是“有个性的个人”的生成。[①] 高校心理育人要在马克思主义人学理论的指导下，更加重视人的本质和人的自由发展，重视学生的需求满足和价值实现，尊重人的独特性和个人的存在，促进学生的主体发展。习近平总书记在全国高校思想政治工作会议上指出，“思想政治工作从根本上说是做人的工作，必须围绕学生、关照学生、服务学生”[②]。高校心理育人要始终坚持立德树人，着眼于促进学生的健康全面发展，以尊重人、关心人和理解人为原则，以学生成长发展需求为新的生长点，以实现学生的全面自由发展为终极目标，在了解学生需求、尊重学生个性差异基础上，不断为学生提供接纳、欣赏与肯定等正向心理支持，注重对学生的认知、情感、意志、行为、人格与价值观等进行深层次的引导和干预，从心理精神层面推动学生改变与全面发展，最终实现人的智力、体力以及思想品德、精神状态的充分自由发展。

（二）心理育人的目的是实现“育心”与“育德”的统一

心理育人在把握和遵循学生心理发展特点和成长规律的基础上，从关注学生的实际心理需求出发，积极回应学生成长中的问题和困扰，注重对学生的认知、情感、意志、行为、人格与价值观等进行深层次的引导和干预，解决学生在心理、思想和道德层面遇到的困惑和问题，推动和促进学生深层次的改变与全面发展。高校心理育人不同于传统心理健康教育，不仅关注学生心理层面的困惑，帮助学生解决心理问题，更应深入学生的思想、道德、政治和价值观领域拓展[③]，体现的是高校思想政治教育与传统心理健康教育的深度融合，其最终目的是立德树人，实现“育心”与“育德”的统一。一方面，促进学生身心健康发展、培育健全人格是立德树人的前提和基础，心理育人是落实立德树人根本任务、促进学生健康成长和全面发展的重要途径，心理育人质量直接影响立德树人成效。另一方面，

---

① 景中强：《马克思精神生产研究》，中国社会科学出版社 2004 年版，第 342 页。

② 《习近平谈治国理政》第二卷，外文出版社 2017 年版，第 377 页。

③ 佘双好：《中国高校心理健康教育模式的生成与发展》，《学校党建与思想教育》2016 年第 4 期。

立德树人规定心理育人的方向和内容，是心理育人重要的价值旨归，其最终目标都是实现人的全面发展，培育“德智体美劳全面发展的社会主义建设者和接班人”，培育“担当民族复兴大任的时代新人”。

（三）心理育人的侧重点是从心理层面实现对学生价值观的引领

价值观是人内在心理结构中最高层次的部分，属于深层信念系统，贯穿在人的整个意识领域和精神活动中，对个体心理发展产生重要的影响。青年大学生正处于迅速成长成才的人生发展黄金时期，也是价值观形成和确立的关键时期，抓好大学阶段的价值观养成十分重要。习近平总书记指出：“学生在高校生活，少则三年到四年，多则九年到十年，正处于人生成长的关键时期，知识体系搭建尚未完成，价值观塑造尚未成型，情感心理尚未成熟，需要加以正确引导。这好比小麦的灌浆期，这个时候阳光水分跟不上，就会耽误一季的庄稼。”① 育人过程是一种具有明确价值导向的教育活动过程，高校心理育人既要关照学生的心理问题、思想问题，更要突出对学生主流价值观的引导。习近平总书记在纪念五四运动100周年大会上的讲话中指出，我们应该充分肯定青春天性赋予青年活力、激情、想象力和创造力，也要看到青年人由于阅历不广容易从自身角度、从理想状态的角度来认识和理解世界这一局限性。当前，弥漫在大学生群体中的“空心病”“丧文化”“低欲望”“佛系”“道系”“躺平”等现象折射出的是一种消极颓废的心理状态和精神空虚的思想状况，其根源都与世界观、人生观、价值观的迷失密切相关，不仅严重影响青年学生的健康成长，甚至会产生严重的心理问题，发生自伤、伤人等心理危机事件。因此，高校心理育人既要关注学生的心理问题的解决，更要突出对学生价值观的引导，要将解决学生心理问题与解决思想问题相结合。

三、心理育人提出的意义

我国高校学生心理健康教育，从萌芽到探索发展，再到规范化发展、

① 中共中央文献研究室：《习近平关于青少年和共青团工作论述摘编》，中央文献出版社2017年版，第37～38页。

专业化发展、科学化专业化阶段，走出一条从无到有、从小到大、从片面化到系统化的发展道路。在这一过程中，高校学生心理健康教育越来越受到重视，内容体系不断丰富，方法途径不断创新，形式载体不断拓展，在育人中的作用不断凸显。可以说，心理育人概念的提出是高校心理健康教育40多年发展的结果，是心理健康教育与高校思想政治工作融合发展的成果体现，随着心理育人的提出，心理健康教育的德育属性更加清晰，其所蕴涵的育人功能得到进一步挖掘。

（一）彰显心理健康教育的育人价值

在心理育人这一概念提出之前，一直用的是心理健康教育，从字面意思来看，心理育人更凸显“育人”这一鲜明特征，而心理健康教育则更凸显“教育”的特征。二者之间既有联系又有区别。二者目的相同，不管是心理育人还是心理健康教育，其最终目的都是“育人”，都是为了促进人的全面发展。但是，二者育人目的的侧重点不同，心理健康教育侧重的是心理教育，注重提升人的心理素质，而心理育人的目的是实现“育心”与“育德”的统一，“育人”的目标、是根本，是心理育人的出发点和归宿。心理育人作为“十大”育人体系之一，体现的是素质教育中全面发展、以人为本的德育理念，要始终围绕立德树人这一根本任务，强调的是用心理健康教育的理论和方法来实现育人育德的目的，实现“育心”与“育德”的统一，是高校人才培养体系中的重要组成部分。而心理健康教育最初是为了解决学生的心理问题而引入我国的，带有明显的“矫治”功能，虽然随着高校心理健康教育的发展，传播心理健康知识、传授心理调适方法、提升心理素质是心理健康教育的目的，但是在实际工作实践中，心理健康教育更多的还是侧重缓解和消除学生的心理困扰和心理问题，做好心理危机的预防和干预。当前，面对社会发展形势的变化，培养德智体美劳全面发展的社会主义建设者和接班人是教育的目的，这就要求高校心理健康教育必须立足于育人，面向全体学生，坚持实现人的全面发展为导向，以发展为主、预防矫治为辅，充分挖掘心理健康教育的育人育德功能，积极探索心理健康教育有效融入高校思想政治工作的方法机制。从早期关注个别有心理问题和障碍的学生到关注学生的心理发展，再到现在的育人导向，是高校心理健康教育适应社会大环境变迁的历史发展过程，是人们对心理健康教育认识不断深化、心理健康教育队伍力量不断壮大、心理健康教育与高校思想政治工作紧密结合、心理健康教育软硬件条件不断改善等多种因素综合作用的结果。

（二）促进高校育人质量的全面提升

心理育人并不是凭空产生的，是高校心理健康教育科学发展的必然结果，其包含的育人功能是一直都存在的，只是心理育人提出以后更加凸显。心理健康教育一直以来就得到党和政府的高度重视，早在 1994 年，《中共中央关于进一步加强和改进学校德育工作的若干意见》正式颁布，明确将大学生心理健康教育作为德育工作的重要内容，并指出了大学生心理健康教育的重要意义和作用价值。1995 年颁布的《中国普通高等学校德育大纲（试行）》，将“健康的心理素质”纳入高校德育目标，并提出了具体规格要求，提出“要培养具备良好的个性心理品质和优良品格，具有较强的心理调适能力的社会主义建设者和接班人”这一教育使命。[①] 2001 年，教育部出台《关于加强普通高等学校大学生心理健康教育工作的意见》，文件指出，“加强大学生心理健康教育工作是新形势下全面贯彻党的教育方针、实施素质教育的重要举措，是促进大学生全面发展的重要途径和手段，是高等学校德育工作的重要组成部分。”[②] 文件还从我国高等学校大学生心理健康教育工作的重要性、主要任务和内容、原则、途径和方法、队伍建设、工作管理等方面提出了具体性指导意见。这是教育部首个针对高校心理健康教育的纲领性文件，在此之后的心理健康教育相关的众多政府文件中，都明确规定了心理健康教育的德育属性和育人理念。但是，在心理健康教育实践中，心理健康教育的育人功能并没有得到很好发挥，在很长一段时间里，心理健康教育更多关注特殊群体的心理问题解决

① 思想政治工作司：《加强和改进大学生思想政治教育重要文献选编（1978—2008）》，人民大学出版社 2008 年版，第 216 页。

② 思想政治工作司：《加强和改进大学生思想政治教育重要文献选编（1978—2008）》，人民大学出版社 2008 年版，第 217 页。

和心理危机预防干预，忽视多数学生的心理发展需求，在对学生心理素质培养、心理品质塑造、价值观引导等方面作用发挥明显不足。心理育人作为高校思想政治工作质量提升工程“十大”育人体系之一，是提升思想政治工作质量的重要手段，心理育人有助于引导人们形成良好的心理品质，而培育良好的心理品质也是高校思想政治教育的重要任务之一，更是育人的基础和前提。2016 年，国家卫计委等 22 个部委联合颁发《关于加强心理健康服务的指导意见》，明确指出，加强心理健康服务是“是培养良好道德风尚、促进经济社会协调发展、培育和践行社会主义核心价值观的基本要求，是实现国家长治久安的一项源头性、基础性工作”①，这一价值定位进一步明确了心理健康教育与思想政治工作之间的关系。心理育人以立德树人为根本任务，以全体学生的全面成长成才为出发点和落脚点，将心理健康教育的德育功能进一步凸显，将发展性目标作为主要目标，对有效促进高校心理健康教育的落实提供了强有力的实践依据，能有效促进高校思想政治工作质量的提升。

第二节 高校心理育人的功能

高校心理育人承载着“培养担当民族复兴大任的时代新人”的价值指向，肩负着“培养德智体美劳全面发展的社会主义建设者和接班人”的时代重任，在培养学生“坚定理想信念、厚植爱国主义情怀、加强品德修养、增长知识见识、培养奋斗精神、增强综合素质”中发挥着理想信念导向功能、道德人格塑造功能、积极行为激励功能、健康心态调控功能、心理素质提升功能、思想心理问题预防干预功能。

一、理想信念导向功能

“导向功能是思想政治目的性、意识形态性的体现，是思想政治教育

① 《22 个部门联合印发〈关于加强心理健康服务的指导意见〉》，《中国社会工作》2017 年第 4 期。

的基本功能，是其他任何教育都无法替代的功能。”① 高校心理育人作为高校思想政治工作十大育人体系之一，首要的功能是理想信念的导向功能，即通过心理层面的教育引导帮助学生解决思想和心理上的困惑，为形成正确的理想信念奠定心理基础。理想信念是人们分析问题、评价事物、进行选择和判断的价值准则，对人们的认识活动和实践活动具有明确的指向性和导向性。理想信念是精神之“钙”，为个人成长成才提供方向引领和精神支撑，昭示着人生的奋斗目标，能提供人生的前进动力。同时，理想信念还是衡量一个人精神境界的重要标尺，作为人的精神世界的核心，既具有凝聚功能，使人的精神世界成为一个健康有序的系统，避免精神空虚和迷茫，又具有引导功能，使人在追求和实现理想目标的过程中不断提升自己的精神境界，实现人生价值。理想信念的形成和确立不是一蹴而就的，而是一个长时间反复教育的过程，需要不断通过教育和实践加以丰富和稳定。当前，受复杂的国内外环境影响，青年大学生心理问题日益凸显，有相当一部分学生的心理问题涉及思想、道德和政治层面，直接指向世界观、人生观和价值观。价值观迷失、理想信念缺失是部分学生出现心理问题和心理冲突的症结所在。因此，高校心理育人要始终坚持立德树人的根本任务，以马克思主义为指导，始终坚持“育心”与“育德”相统一，把解决学生的心理问题与解决学生的思想困惑结合起来，从心理层面着手给学生进行深层次的引导，为坚定理想信念打下坚实的心理基础，使学生在提升心理素质、培养健全人格的同时坚定理想信念，从而树立共产主义远大理想和中国特色社会主义共同理想，增强道路自信、理论自信、制度自信、文化自信，勇担中华民族伟大复兴的时代重任，使理想信念转化为内在的精神信仰，促进理想信念转化为外显的行为。

二、积极行为激励功能

激励功能是思想政治教育的一个重要功能，“思想政治教育的激励功

① 张耀灿、郑永廷、吴潜涛、骆郁廷等：《现代思想政治教育学》，人民出版社2006年版，第131页。

能是指思想政治教育要善于运用一定的物质手段和精神手段，通过外在激励而引发受教育者思想动机的变化，增加其内在的动力，调动受教育者的积极性，使之自觉将教育目标转化为个人目标并为之奋斗”[①]。思想政治教育的激励功能主要由目标激励、情感激励和行为激励三种主要方式。目标激励是通过把教育目标转化为个体的奋斗目标，引导个体在实现个人奋斗目标的同时促进社会的进步发展，实现个体与社会发展的相统一。情感激励是通过从个体的切身利益出发，通过一定的教育手段促使个体产生情感共鸣，内心产生一种强烈的精神力量，促使个体自觉接受并认同教育内容，以达到教育效果。行为激励是利用一定的教育手段发展个体的积极行为，促使个体形成具有积极性质的应对系统，最终实现个体行为方式的改变。积极心理学认为，每个个体都有属于自己的应对系统，如果个体总是主动用积极行为来应对所面临的问题，就会逐渐形成具有积极性质的应对系统，而这一系统一旦形成，就会反过来促使个体今后采取更多的积极行为。[②] 2018 年，习近平总书记在北京大学对大学生提出“要励志，立鸿鹄志，做奋斗者”的希望，在全国教育大会上提出“要在培养奋斗精神上下功夫”，培养学生勇于奋斗、乐观向上的精神品格，这其实就是要培养积极行为。因此，心理育人要充分发挥思想政治教育的激励功能，在教育过程中凸显对学生昂扬斗志和奋发向上精神的激励，通过教育手段发展个体的积极行为，锤炼意志品质，促使个体形成具有积极性质的应对系统，预防和减少个体问题行为的发生，从而达到改变个体生活方式、行为方式的目的，最终实现其生活质量的提高。

三、道德人格塑造功能

塑造功能也是思想政治教育的一个重要功能，是指通过教育引导对人的思想品德、道德素质进行重塑，使之无限接近教育目标。大学生正处于人生观、价值观快速发展但又未完全形成的关键时期，其道德人格具有极

① 邱伟光、张耀灿：《思想政治教育学原理》，北京高等教育出版社 1999 年版，第 217 页。
② 任俊：《积极心理学思想的理论研究》，南京师范大学博士学位论文，2006 年。

强的可塑性。“道德人格就是具体个人的人格的道德性规定，是个人的脾气习性与后天道德实践活动所形成的道德品质的情操的统一”，由“个体的道德准则意识、道德理想意识和道德责任意识”三部分组成。[①] 道德准则意识是道德人格的主体在社会生活中坚持的基本原则和规范；道德理想意识是道德主体对未来美好生活的价值追求，是衡量道德主体内在自由程度的标尺；道德责任意识是道德人格主体自我意识中的核心成分，也是道德主体在自觉实行道德实践行为的参考。道德人格促使道德主体在道德意志的支配下去追求个人价值的实现，对个体的行为具有内在动力导向功能，还会根据社会规范调控道德主体的行为，同时，道德人格还会指导道德主体对社会环境进行适应和改造。高校心理育人的一个重要目标就是培育学生健全人格，其中最重要的就是塑造健康的道德人格。马克思指出，“人的本质不是单个人所固有的抽象物，在其现实性上，它是一切社会关系的总和”[②]。人作为社会性动物，必须在社会中生存和发展。对于个体而言，大学生正处于人生发展的黄金时期，也是价值观形成的关键阶段，可塑性很强又易受外界影响。对于社会而言，大学生是社会主义事业的建设者和接班人，承担着艰巨的历史使命，更需要具有健康的道德人格。浇花浇根、育人育心，道德人格的塑造要以“养心”为核心，正所谓“欲修其身者，先正其心”。要依据大学生的身心发展特点和规律，坚持“育心”与“育德”相统一，在心理健康教育中注重培养学生的道德准则意识、道德理想意识和道德责任意识，通过课程教育、实践活动等形式全面提升学生的道德认知、道德情感、道德行为，以“修心”促“修德”，使学生从心理层面、精神层面获得德性成长，形成自尊、自信、自律、自强的良好品格，促进健全道德人格的养成。

四、健康心态调控功能

调控功能是心理健康教育的一个重要功能，是指通过教育引导，使学

① 罗国杰：《伦理学》，人民出版社 1989 年版，第 440 页。

② 《马克思恩格斯文集》第 1 卷，人民出版社 2012 年版，第 135 页。

生掌握一定的心理调适方法和技巧，从而使个体保持相对稳定、平衡的情绪状态，养成良好心态。心态属于意识形态范畴，作为一种思想、观念，对大学生的言行有着广泛而深刻的影响。心态有健康心态与不良心态之分。“健康心态是指个体能够积极地、正常地、平衡地适应当前和发展的社会环境的良好心理状态，心理健康的人不仅有良好的自我意识，能够认识到自己的长处和不足，而且能够与社会相和谐。”① 健康心态是社会成员在社会实践中形成的符合社会的道德准则和法律规范的思想状态、心理状态和行为倾向，保持健康心态能使个体更好融入社会、与社会和谐相处。高校心理育人的主要对象是青年大学生群体，培育大学生理性平和、积极向上的健康心态也是心理育人的一个重要目标。理性平和指个体能始终保持理性思维、平和心境，处理问题不冲动、不盲目；积极向上指个体有明确的目标和方向，并始终以积极进取的状态为了实现目标不懈奋斗。对大学生健康心态的培育既是思想教育的过程，也是一个心理教育的过程。高校心理育人要坚持思想教育与心理疏导相结合，通过思想教育来转化大学生的思想观念，提升认知水平和精神境界，通过心理疏导来解决大学生的思想困惑和心理困惑，提高科学分析问题、解决问题的能力。

五、心理素质提升功能

心理素质是人的身体、心理和社会素质之一，是以遗传和生理素质为基础，在教育与环境影响下，经过主体实践训练所形成的性格品质与心理能力的综合体现。心理素质主要由心理潜能、心理能量、心理特点、心理品质和心理行为五部分组成。心理潜能是人的心理素质赖以形成和发展的前提条件，为人的心理素质的发展提供了可能性；心理能量也称心理能力，是用意识调节心理素质的能力，其大小强弱也反映出一个人的心理素质水平；心理特点是人的心理活动固有的属性，是个体在成长过程中逐渐形成的突出的心理特征；心理品质也是人的心理活动的固有属性，和心理特点密切相连又有所区别，是个体后天在教育与环境影响下习得的较为稳

① 侯玉波：《社会心理学》，北京大学出版社 2013 年版，第 237 页。

定的心理属性；心理行为是人的心理的外在表现，通过心理行为可以检验心理素质的高低。这五部分内容有机结合构成人的心理素质，心理素质的高低不仅制约着个体的心理健康水平，而且与生理素质、社会素质一起共同影响着个体的外在行为表现。具备良好的心理素质是大学生开展正常学习生活的基础，也是大学生正确理解、有效接受思想政治教育的前提条件。不健康的心理状况直接影响思想政治教育的接受效果，甚至会曲解教育内容，难以实现教育内容的内化于心、外化于行，还极易出现各种思想、心理和行为问题。因此，高校心理育人要以大力提升大学生心理素质为出发点，通过课程教学、实践活动等激发学习动力，培养创新性思维，提升自我认知、情绪调控、抗压耐挫等能力，在增强心理素质的同时促进综合能力的提升。

六、思想心理问题预防干预功能

做好危机干预是大学生心理健康教育工作的重中之重，也是大学生思想政治工作的重要环节。造成危机事件的原因是多方面的，个体的思想和心理问题是主要影响因素。心理和思想都是人的精神现象，心理是思想的基础，思想的发展离不开心理的成熟，心理问题的深层次原因都是思想问题。如大学生群体中出现的“空心病”现象，表面上看是心理问题，其深层次的原因是个体价值观的缺失，是思想问题。同时，思想是心理的高级形式，人的思想的形成和发展过程也是心理发展过程。思想政治素质的形成需要经过认知、情感、意志、信念、行为等心理发展阶段，均需要心理活动的参与，也受心理活动的制约。因此，大学生群体中出现的很多突出的问题，都是心理问题与思想问题、行为问题的混合体，不能单一采用心理疏导或者思想教育、行为引导的方式来解决。高校心理育人旨在提升心理素质和意志品质，培养健全人格，实现人与自己、人与他人、人与社会的和谐相处。因此，要立足于大学生的思想、心理和行为的现实问题，科学分析这些问题产生的原因和发生发展过程，探寻思想问题、心理问题产生发展的规律和机制，积极探索有效预防和干预思想心理问题的途径和方法，将思想教育与心理疏导有效结合，将解决心理问题与思想问题融为一体。

第三节　高校心理育人的理论基础与思想资源

改革开放以来，从高校心理健康教育到高校心理育人，始终坚持科学的理论指导是保障其沿着正确方向快速发展的根本保障。高校心理育人不仅有着坚实的理论基础，也有着丰富的思想资源，是我国高校心理健康教育工作在科学理论指导下、在实践中不断摸索和发展的结果。厘清高校心理育人的理论基础和思想资源，是促进新时代高校心理育人更加规范、科学发展的必然要求。

一、高校心理育人的理论基础

高校心理育人的科学发展必须始终坚持以马克思主义理论为指导思想，马克思主义心理观、关于人的全面发展学说等理论和观点，是研究高校心理育人的理论基石。

（一）马克思主义心理观

马克思主义认为，物质是第一性的，精神是第二性的，物质决定精神，精神是物质的能动反映。人的心理和人的思想一样，都是一种主体意识，由人们的现实存在所决定，是在实践基础上对客观世界的能动反映。马克思在《1844 年经济学哲学手稿》中指出，心理学只有从人类能动创造的实践活动来解释人类认识现象的发生与发展，才能摆脱“它的抽象物质的方向或者不如说是唯心主义的方向”，从而成为“内容确实丰富的和真正的科学”。考察人类的心理问题、心理现象，必须从社会历史现实“这个恰恰最容易感知的、最容易理解的部分”去分析。①

人的心理、意识是人们对现实世界的主观反映，随着物质形态从低级向高级演变、进化，物质的反映形式也相应地由低级向高级发展，心理是人的意识的低级形式，思维是人的意识的高级形式。人类心理的产生离不

① 马克思：《1844 年经济学哲学手稿》，人民出版社 2004 年版，第 88 ~ 89 页。

开社会实践，劳动使人类之间结合更加紧密，“劳动创造了人本身”，劳动产生了“物质的最高精华——思维着的精神”。人的心理活动是确证人的本质力量的感觉，而人的本质是人类自由自觉的创造活动，也只有在人类能动地开展创造活动之中，人的心理才能不断得到产生和发展。同时，人的心理发展水平也受实践活动水平的制约。“人们的观念、观点和概念，一句话，人们的意识，随着人们的生活条件、人们的社会关系、人们的社会存在的改变而改变。”① 人的思想、观念、意识是人们物质生产与交换的产物，与一定时期人类社会实践活动水平相一致，随着人类社会实践活动水平的提高而不断向更高水平发展。

（二）马克思主义关于人的全面发展学说

马克思主义的最高社会理想是实现“每个人的全面而自由的发展”，这也是人类社会发展的最终目标。人的全面发展是“人以一种全面的方式，也就是说，作为一个完整的人，占有自己的全面的本质”②，包括人的劳动能力的全面发展、人的社会关系的全面发展和人的个性的全面发展三个层次含义。其中，人的个性的全面发展是人的全面发展的综合体现和最高目标，是建立在个人全面发展基础上的自由个性发展，其结果是“有个性的个人”的生成。③ 人的发展的最高阶段是“建立在个人全面发展和他们共同的社会生产能力成为他们的社会财富这一基础上的自由个性”④ 发展阶段，只有在共产主义社会里才能得以实现，这是人的发展的终极性价值目标。

人的全面发展既是一种历史规定，也是一种现实规定，在人类历史发展的不同历史时期需要通过不同的形式将其具体化为人类发展和解放的阶段性目标，通过阶段性目标的实现来无限接近终极发展目标，以至最终实现人的发展终极目标。中国共产党在领导中国革命、建设和改革开放的历史进程中，始终坚持将马克思主义人的全面发展学说与中国的现实发展相

① 《马克思恩格斯选集》第1卷，人民出版社2012年版，第419~420页。
② 《马克思恩格斯全集》第42卷，人民出版社1979年版，第123页。
③ 景中强：《马克思精神生产研究》，中国社会科学出版社2004年版，第342页。
④ 《马克思恩格斯全集》第46卷（上），人民出版社1979年版，第104页。

结合，与时俱进，不断推进人的发展理论的创新与发展。早在新民主主义革命时期，毛泽东同志就指出："没有几万万人民的个性的解放和个性的发展""要想……建立起社会主义社会来，那只是完全的空想"①。到了改革开放新时期，邓小平同志高度重视人的主体性作用，认为"中国的事情能不能办好，社会主义和改革开放能不能坚持""关键在人"②，要促进人的全面发展。步入21世纪，我国进入全面建设小康社会、加快推进社会主义现代化的新阶段，江泽民同志认为人的全面发展和社会发展是密不可分的，促进人的全面发展"是马克思主义关于建设社会主义新社会的本质要求"，人的全面发展包括内在"思想和精神生活的全面发展"和外在人的各种关系的发展，是人与社会互动互进的永无止境的过程，"人越全面发展，社会的物质文化财富就会创造得越多，人民的生活就越能得到改善，而物质文化条件越充分，又越能推进人的全面发展"③。

中国特色社会主义进入新时代，以习近平同志为核心的党中央坚持以人民为中心，更加重视促进人的全面发展和社会全面进步。在全国教育大会上，习近平总书记强调，要培养德智体美劳全面发展的社会主义建设者和接班人。这是对人的全面发展理论的新发展，也是人的全面发展理论在当今时代最新的理论成果，为高校心理育人发展指明了发展方向。心理育人要坚持以"立德树人"为根本，以促进人的全面发展为目标，深入挖掘一切育人要素，促进学生心理素质的提升、健全个性的形成，实现学生综合素质和能力的全面提升，促进学生的全面发展。

二、高校心理育人的思想资源

高校心理育人除了以马克思主义理论为理论基础，中国传统文化中关于人性等思想和西方心理健康教育相关理论也为其研究提供了丰富的思想资源。

---

① 《毛泽东选集》第3卷，人民出版社1991年版，第1060页。

② 《邓小平文选》第3卷，人民出版社1993年版，第380页。

③ 《江泽民文选》第3卷，人民出版社2006年版，第294～295页。

（一）中国传统文化中的人性观点

我们中华民族历来崇尚道德，把道德作为人的本质属性。人之为人的根本在于其超越于“自然的存有”与“社会的存有”之上的“道德的存有”。人发展的最高境界是“内圣外王”，即对内要致力于提升个人的品性修为，使自己具有圣贤品质，对外要注重提升“治人”之能，“内圣”是“外王”的前提和基础，“外王”是“内圣”的自然延伸和必然结果。要做到“内圣外王”，就要不断加强个人的品性修养，既要有正确的义利观，做到“重义轻利”，还要做到克己修身，立志做“君子”“大丈夫”，要“清心”“寡欲”，要做到“知行合一”。

人作为生命体存在于天地之间、社会之中，不得不与他人、与社会、与自然发生关系，人在适应和协调与他人、社会、自然的矛盾冲突中不断探求精神成长与发展。“和合”思想是中国传统文化的重要内核，既包含对待他人、对社会的“以和为贵”“和而不同”的思想，又包含对待人与自然关系的“天人合一”的思想，还包含求取人自身的身心和谐发展。

中华传统文化中的这些思想是高校心理育人研究的重要思想资源，对高校心理育人的科学发展也具有重要的现实价值。一方面，高校心理育人是作为高校思想政治工作质量提升工程的体系的重要组成部分提出来的，心理育人本身就是高校思想政治工作的重要内容，高校心理育人就是要在坚持“立德树人”的基础上实现“育心”与“育德”的统一。另一方面，高校心理育人的直接目标就是促进人身心和谐发展，培养健康的社会心态，从而促进社会的全面进步，本身也是中国传统文化“和合”思想的重要体现。

（二）西方心理健康教育相关理论

心理健康教育发源于西方，引入中国的时间相对较短，西方关于心理辅导、心理咨询的理论学说对高校心理育人有很大的借鉴作用。

1. 精神分析理论。精神分析理论是心理咨询的一个非常重要的理论，主张从人的本能冲动和动力发展中探寻人的心理活动的规律，虽然其理论存在一定的局限性，但这一理论在心理咨询发展史上具有里程碑意义，心理咨询的很多流派都是由这一理论为基础发展而来，如现在心理咨询中应用非常广泛的精神动力学理论，已成为心理咨询的一个主要流派。

2. 行为主义理论。行为主义理论推崇采用客观的、实验的方法对人的心理活动进行科学研究，如比较有影响力的社会学习理论、认知行为理论等，都属于行为主义理论的重要内容。这一理论使人们从心理咨询重视潜意识、意识等内在心理因素的传统中解放了出来，重视环境因素对人的影响，但是它的许多理论观点都是在严格的实验条件控制下取得的，在复杂的现实环境中难以实现，因此也具有一定的局限性。

3. 人本主义理论。人本主义理论强调以现实生活中的正常人为研究对象，认为每个人都有内在本然的实现趋向，心理咨询的目的就是要激发来访者内在自我实现的潜能，运用心理学的理论和方法来引导来访者改变对自我、对他人、对社会的认知，非常重视人的主体性作用的发挥。人本主义也是当前我国心理咨询中非常重要的一个流派，尤其在团体心理辅导中应用更为广泛。

第二章　改革开放以来高校心理育人的历史演进

早在20世纪初，王国维先生在《论教育之宗旨》中提出教育的宗旨是要培养“完全之人物”，即实现人的“身体之能力”和“精神之能力”的协调发展，他把精神分为“知力、感情及意志”三个部分①，其实就是我们今天说的心理，王国维先生可以说是我国第一个提出加强心理教育的人。1917年，北京大学哲学系首开心理学课先河，还建立了中国第一个心理学实验室，正式拉开我国高校心理健康教育的序幕。1936年，中国心理卫生协会在南京成立，标志着中国心理卫生活动的正式开展，当时的中央大学、浙江大学等高校也开始陆续开设心理卫生课程，大力推动了心理健康教育的发展。但是，抗日战争的爆发导致中国心理卫生协会的工作被迫暂停，一直到新中国成立后很长一段时间，心理健康教育都处于停滞状态。

20世纪80年代，随着我国社会主义事业的不断发展，党和国家对教育越来越重视，心理健康教育才开始恢复发展。在党和政府的正确领导下，经过40多年的发展，心理健康教育的发展越来越规范化、专业化、科学化，逐渐形成了中国特色大学生心理健康教育发展模式，并取得了显著育人成效。

第一节　改革开放以来高校心理育人的发展历程

以国家出台的相关重要文件为线索，结合不同时期高校大学生思想和

① 王国维：《论教育之宗旨》，《教师之友》2001年第11期。

心理特点及变化轨迹，可以将改革开放以来高校心理育人的发展大体上划分为恢复发展阶段、探索发展阶段、规范化发展阶段和科学化发展阶段四个历史阶段。

一、恢复发展阶段（1978～1993年）

1978年12月，党的十一届三中全会的召开是新中国历史的一个伟大转折点，重新确立了解放思想、实事求是的思想路线，抛弃了“以阶级斗争为纲”的“左”倾错误方针，做出了把党和国家工作中心转移到社会主义现代化建设上来的战略决策和实行改革开放的重大决策。改革开放是一项伟大而艰巨的社会改造工程，促进了我国社会主义事业的快速发展，但经济社会的巨大变革也对社会大众的心理发展造成了巨大影响，大学生心理健康教育开始恢复发展。

（一）改革开放对大学生心理健康教育提出了新要求

在改革开放初期，由于“文化大革命”的冲击而中断了十年的中国高考制度得以恢复，使得当时的大学校园里出现了老中青三代同校、父子同校、师生同校的独特景象。作为时代变革最活跃的因子，刚挣脱“文化大革命”思想禁锢，他们的思想异常活跃，“把失去的青春夺回来”成为当时我国青年和大学生主流的人生价值观。但是，新旧社会状况交替、新旧社会观念激烈碰撞、对改革开放缺乏科学理性认识等使青年大学生的思想问题、心理问题凸显，并呈现出两个倾向：一是对改革盲目乐观。部分大学生认为“改革就是带来更多的挣钱机会”①，对改革开放盲目自信和乐观，忽视改革不是一朝一夕就能完成的，而是一个缓慢的发展过程。这种简单化的改革观使得他们对改革开放的速度和进程缺乏理性思考，当改革中出现问题和存在不足时，他们不能合理进行情感归因，以致采用情绪化、暴力化的方式来处理问题。二是难以适应改革开放的速度和进程。部分大学生由于适应能力差，在面对改革开放带来的社会飞速发展和极速转

① 中国经济体制改革研究所社会舆论调查室：《1987年以来改革的社会心理环境的调查分析》，《社会学研究》1988年第5期。

型，不能适应社会环境变化，在各种思潮的冲击下迷失了自我，产生严重的心理失调和心理冲突，以至出现焦虑、不满、厌世等极端情绪和行为。因这一时期，大学生群体的思想问题、心理问题高发，并逐渐成为影响人才培养质量的重要问题，各高校开始高度重视并采取措施积极应对，但整体上，高校心理健康教育还是一种自发的被动应对。

（二）心理学学科的发展推动了大学生心理健康教育的恢复重建

改革开放后，我国首先恢复了心理学的名誉，心理学专业开始重新招生，心理咨询与治疗开始起步。1978 年，中国心理学年会在河北保定召开，重建了发展、教育心理专业委员会，为心理学相关学科恢复了名誉。1978 年，北京大学申请恢复了心理学专业，第一届招本科生 20 名。1979 年 3 月，心理学基本理论研究会在北京成立，同年 4 月，成立了心理学科普工作委员会并召开首次会议，讨论了“开展心理学科普工作的初步意见”。1979 年，中国心理学会医学心理专业委员会的成立和北京医学院（现北京大学医学部）医学心理学教研室的诞生，标志着中国心理咨询和心理治疗开始起步。1983 年，上海师范大学燕国材教授在《光明日报》发表《应重视非智力因素的培养》一文，率先提出要重视培养学生的非智力因素，这一思想引起教育学和心理学界的重视，对我国的教育改革产生巨大推动作用。1985 年 3 月，中国心理卫生协会宣告成立，同年 6 月，全国首家心理测量与咨询服务中心在北京师范大学成立，拉开了我国高校心理健康教育的序幕。紧接着，北京的其他高校和上海、江苏、浙江、武汉等地的一些高校也开始陆续成立心理咨询服务中心，心理健康教育慢慢发展起来。1988 年 6 月，全国首届高校咨询教育理论与实践研讨会在上海交通大学召开，组建成立了“中国高校心理咨询研究会”筹委会，开始创办《高校心理咨询通讯》杂志，极大地推动了高校心理健康教育的开展。随后，各种心理咨询学术团体和研究会陆续成立，如 1990 年 10 月成立了中国心理卫生协会心理咨询与心理治疗专业委员会，1990 年 11 月成立了高校心理咨询研究会，1991 年初成立了大学生心理咨询专业委员会。这些心理咨询学术团体和专业委员会成立之后，开展了一系列学术研讨活动，如全国大学生心理咨询专业委员会第二届学术研讨会和第三届学术研讨会分别于1992年7月和1993年8月在清华大学和大连理工大学召开，大大促进了高校心理咨询和心理保健工作的起步和发展。

（三）党和政府开始关注高校学生心理健康教育

这一时期，党和政府出台了一系列加强高校思想政治工作的文件，虽然在这些文件中尚未明确提出要开展心理健康教育，但都在一定程度上体现了对大学生心理健康状况的重视和关心。1980年4月，教育部、共青团中央联合印发《关于加强高等学校学生思想政治工作的意见》，意见提出，要在正确分析学生的特点的基础上开展学生的思想政治工作，对于学生的思想认识问题，要采用民主的、说服教育的方法，“要在学生中造成一个既有民主又有集中，既有自由又有纪律，既有个人心情舒畅、生动活泼又有统一意志、安定团结的政治局面”①。1984年9月，教育部颁布《关于高等学校开设共产主义思想品德课的若干规定》，强调思想教育课程“一定要注意适合青年学生的特点”“要关心学生的健康成长”“还要充分发挥学生的积极性和主动性”②。这些文件虽然没有明确指明要在大学生中开展心理健康教育，但是已经开始关注学生的思想特点，开始提出要结合学生实际开展思想政治教育，要正确看待学生的思想认识问题，将思想认识问题与政治问题区别对待，采用民主的、说服教育的方法，而非压服的、简单粗暴的方法。

（四）大学生心理健康教育采取的主要措施及成效

在改革开放初期，随着高考制度的恢复和我国社会主义事业的快速发展，大学生心理健康教育工作也开始了自身的恢复和重建。在党和国家的领导下，各种卫生医疗机构和高校积极行动，采取各种措施开展心理咨询服务和科学研究、学术交流等活动，在缓解学生心理问题、排除心理危机、促

---

① 教育部思想政治工作司：《加强和改进大学生思想政治教育重要文献选编（1978—2014）》知识产权出版社2015年版，第6页。

② 教育部思想政治工作司：《加强和改进大学生思想政治教育重要文献选编（1978—2014）》知识产权出版社2015年版，第34～35页。

进学生健康成长和推动心理健康教育快速发展等方面均取得了显著效果。

1. 设立相关工作平台，恢复了心理健康教育学科的名誉和地位。这一时期，北京大学、北京师范大学、华东师范大学等高校先后建立了心理系，中央教科所建立了教育心理研究室等，开始逐渐恢复心理健康教育的教学活动。通过课程教学，大大激发了学生探索自我、学习心理健康知识的兴趣，也使学生开始关心关注心理健康问题。通过这些研究室和专业的建立和恢复招生，心理健康教育作为心理学、教育学领域的分支学科，学科名誉和地位得到了恢复。

2. 青年大学生心理健康引发全社会关心，社会性心理咨询与诊疗机构得到迅速发展。1989 年，为全面了解掌握大学生心理健康状况，国家教委在全国 12.6 万名大学生中开展了心理健康状况的抽样调查，调查结果显示，大学生心理疾病患病率高达 20.23%。[①] 另外，天津高校、北京高校也在大学生中开展了心理普查和心理健康调查，调查结果显示，因心理问题休学、退学的学生人数高达 27.2% 和 37.9%。[②③] 这些调查结果引起了全社会对大学生心理问题严重性的高度关注，许多高校也逐渐认识到开展心理健康教育的紧迫性和必要性。这一时期，面向高校学生的心理咨询活动和心理咨询诊疗机构如雨后春笋般迅速发展起来，不仅为青年人寻求心理帮助提供了便利的咨询服务，也极大鼓舞了全社会关心关注青年健康成长，增强了青年学生的心理健康意识。

3. 心理咨询活动开始受到重视，在心理危机预防和干预方面取得显著成效。1984 年，浙江省湖州师专成立心理咨询机构，成为我国高校成立的第一个为学生服务的心理咨询机构。随后，上海交通大学、华东师范大学等高校也陆续建立心理咨询机构，到 1986 年已经有 30 多所高校开展了心理咨询活动，到 90 年代初，已扩大到 100 多所，心理咨询发展势头很快，但也存在地区发展间的不平衡。[④] 1990 年，中国高校心理咨询研究会正式

① 马绍斌：《心理保健》，暨南大学出版社 1995 年版，第 134 页。

② 杨卓：《高等学校要重视大学生的心理健康》，《上海高教研究》1988 年第 12 期。

③ 李维意：《大学生心理健康调查》，《青年研究》1995 年第 2 期。

④ 樊富珉：《我国高校心理咨询活动的回顾与展望》，《青年研究》1993 年第 4 期。

成立，为各高校心理咨询工作的有效开展和工作交流提供了平台。这一时期，高校心理咨询活动主要以开展大学生心理问题筛查和个体心理咨询活动为主，在及时发现、有效预防和化解心理危机等方面取得了显著成效，心理咨询和心理健康教育的日常工作得到了恢复。

4. 创办了一批心理健康学术杂志，推动了大学生心理健康教育科研活动的蓬勃兴起。这一时期，相继创刊成立了《心理发展与教育》《社会心理科学》《中国心理卫生杂志》《高校心理咨询通讯》等心理健康教育学术杂志，刊载了一系列大学生心理健康理论和应用研究成果，这些研究成果和国家、社会和经济发展等现实问题联系密切，为大学生心理健康问题的理论研究和实践探索提供了学术交流舞台，大力促进了探索中国化高校学生心理健康教育模式的发展。

5. 少数高校开始探索面向更多学生的群体性心理健康教育活动。在这一时期，心理健康教育主要还是面向少数有心理问题的学生开展心理咨询服务，但是也有部分高校开始在新生入学、毕业生就业等学生发展的重要时间节点开展有针对性的心理健康教育。也有部分高校开始通过开设心理健康教育选修课等方式针对更多学生开展心理健康教育，如浙江大学的马建青老师，早在1987年就联合德育教研室和学校心理咨询中心的老师开设了《青年心理健康》公共选修课，这也成为全国最早开设的心理健康教育选修课。但是，这一时期，绝大多数的高校因为人员、资金等不足，面向更多学生的心理健康教育还处于探索阶段，并未成为主流。

总之，在这一时期，随着高考的回复，高等教育逐渐恢复发展，高校心理健康教育也得到了恢复发展，人们不再将心理问题简单等同于思想问题或者政治问题来对待，高校日常心理健康教育和心理咨询服务活动开始复苏和发展。

二、探索发展阶段（1994～2000年）

随着改革开放和现代化建设步伐的加快，高等教育制度也在不断改革，尤其是高校实行学费制和自主择业制之后，优胜劣汰的竞争环境要求大学生必须具备较高的心理素质和较强的心理承受能力，心理健康教育逐渐成为素质教育和高校德育的重要内容。正式将大学生心理健康教育作为德育工作重要内容是在1994年颁布的《中共中央关于进一步加强和改进学校德育工作的若干意见》，明确指出大学生心理健康教育的重要意义和作用价值。《中共中央关于进一步加强和改进学校德育工作的若干意见》的颁布，标志着科学构建具有中国特色的大学生心理健康教育体系实践探索的开启。

（一）高校学费制和自主择业制的改革使大学生心理健康问题凸显

1994年7月，国务院发布《中国教育改革和发展纲要》，提出高校要实行收费上学和双向选择的就业制度。1995年1月，全国高校毕业生就业市场诞生，高校毕业生就业由国家统一安排开始向“双向选择、自主择业”转变。1996年，我国高等教育开始实行全面收费并轨，真正意义上的自主择业拉开序幕。2000年，我国高校开始全面实行毕业生自主择业，毕业后能否找到理想的工作成为大学生最为关注的问题。由于高校学费制度和毕业生就业制度的改革，大学生不再是“皇帝女儿不愁嫁”，面对优胜劣汰的社会人才市场规则，如何生存是一个严峻的考验，这不仅使大学生的人生价值观开始转向以个人为本位的功利主义，也对大学生的心理素质提出了更高要求。这一时期，面对高等教育制度改革，大学生不得不理性面对自己的处境，他们的独立、自主和竞争意识逐渐增强，认为健康的心理是大学生成才的条件，心理健康教育是大学生最应该加强的教育，渴望能通过心理健康教育来缓解社会急速变化和日益激烈的竞争机制给他们带来的巨大的精神负担和心理压力，从而促进健康人格的塑造、实现自我全面发展。

（二）党和国家的高度重视促进大学生心理健康教育地位提升

党和国家对心理健康教育工作越来越重视，在颁布的一系列高校德育工作文件中，开始将大学生心理健康教育纳入高校德育的重要内容。1994年8月31日，《中共中央关于进一步加强和改进学校德育工作的若干意见》发布，意见明确指出，“在科学技术迅速发展，社会主义市场经济体制逐步建立的情况下，如何指导学生在观念、知识、能力、心理素质方面尽快适应新的要求”，是学校德育工作需要研究和解决的新课题之一，要把“心理健康教育和指导”作为素质教育的主要内容之一，并且明确指出开展心理健康教育的具体工作目标和工作途径，指出要“通过多种方式对不同年龄层次的学生进行心理健康教育和指导，帮助学生提高心理素质，健全人格，增强承受挫折、适应环境的能力”①。1995 年 12 月，《中国普通高等学校德育大纲（试行）》颁布，明确将“具有良好的道德品质和健康的心理素质”纳入高校德育目标，并对“健康的心理素质”提出了具体规格要求，即“具备良好的个性心理品质和自尊、自爱、自律、自强的优良品格，具有较强的心理调适能力”②。1998 年 12 月，教育部颁布《面向 21 世纪教育振兴行动计划》，将心理健康教育纳入“跨世纪素质教育工程”，提出要“实施劳动技能教育以及心理健康教育，培养学生具有良好的道德、健康的心理和高尚的情操”③。1999 年 6 月，中共中央、国务院发布《关于深化教育改革，全面推进素质教育的决定》，强调全面推进素质教育必须更加重视德育工作，要“针对新形势下青少年成长的特点，加强学生的心理健康教育，培养学生坚韧不拔的意志、艰苦奋斗的精神，增强青少年适应社会生活的能力”④。国家陆续出台这些纲领性文件，充分表明了对大学生心理健康教育的高度重视和对大学生心理健康教育地位的认可，心理健康教育作为德育工作的重要组成部分，已成为国家教育体系中的重要一环。在党和政府以及教育行政部门的领导和号召下，各高校积极响应，纷纷开始设立心理健康教育中心等机构和平台，积极开设心理健康教育课程，心理咨询服务活动也普及开来，很多高校还成立了大学生心理社团。这一时期，高校学生心理健康教育开始逐渐由自由式发展转入由政府主导的探索发展阶段。

（三）大学生心理健康教育采取的主要措施及成效

这一时期，在党和政府发布的一系列文件的引导下，高校学生心理健康教育迅速发展，开始积极探索从机构设置、队伍建设、制度保障到课程

① 教育部思想政治工作司：《加强和改进大学生思想政治教育重要文献选编（1978—2014）》，知识产权出版社 2015 年版，第 144 ~ 145 页。

② 教育部思想政治工作司：《加强和改进大学生思想政治教育重要文献选编（1978—2014）》，知识产权出版社 2015 年版，第 155 页。

③ 中华人民共和国教育部网站：《面向 21 世纪教育振兴行动计划》，1998 年 12 月 24 日。

④ 教育部思想政治工作司：《加强和改进大学生思想政治教育重要文献选编（1978—2014）》，人民大学出版社 2015 年版，第 192 页。

设置、教材体系、实践活动等一体化体系建设，科学构建具有中国特色的高校学生心理健康教育体系开始由理论走向现实，并在探索发展中开始向规范化发展方向迈进。

1. 以学科建设为基础，以德育教育平台为依托，培养高素质心理健康教育人才。北京师范大学、中国科学院等高校依托学科优势成立心理研究所和实验室，西南大学、浙江大学、华东师范大学等高校获批心理学相关专业硕士、博士学位点，心理健康教育高素质人才培养体系得以形成。同时，随着素质教育的逐步推进，依托德育工作的发展平台，辅导员和班主任等学生教育管理人员在学生心理健康教育中的重要作用得到了肯定。由此，大学生心理健康教育的队伍日渐壮大，既有心理学和教育学的专业人才，又有以辅导员班主任为主体的德育队伍，还有一些社会工作者，他们通过参加国家和各地高校举办的心理健康教育培训班，不断提升专业技能和工作能力。

2. 完善教育内容，构建一体化大学生心理健康教育教学体系。一是大学生心理健康教育内容更加丰富，涉及学业、生活、性与恋爱、社会交往、情绪调控、压力调节、意志品质，个性品格和潜力开发等内容，并逐渐形成科学的体系。二是在教育部门的政策引导和财力支持下，教育学、心理学和思想政治教育学等相关学科专家积极投入心理健康教育教材建设之中，出版了一系列高质量、有价值的教材。三是各高校通过开展心理健康教育讲座、开设心理健康教育相关课程，在大学生中大范围普及心理卫生知识，营造了浓厚的关心心理健康的氛围，有效促进了大学生心理健康素质的提升。

3. 健全体制建设，形成较为完善的大学生心理健康教育机制。一是各高校积极响应国家政策，结合各自学校的特点开始设立高校心理健康教育与咨询辅导中心，负责组织开展本校学生的心理健康教育工作。二是各高校结合各自特点制定大学生心理档案制度，完善心理咨询管理制度，并积极探索建立心理危机的干预与处置制度，开始将心理危机的干预处置作为心理健康教育的重要内容之一。三是积极探索适应大学生特点的心理健康教育活动模式，各高校纷纷成立大学生心理社团组织，在大学生中开展丰富多彩的心理健康教育主题活动，这些活动成为课程教学的有益补充。

4. 充分利用网络，探索线上线下立体化、多途径的心理健康教育体系的构建。伴随着校园网的发展，越来越多的大学生加入网民的行列，各高校开始探索利用网络开展线上心理健康教育的新途径。一是建设心理健康教育主题宣传网站。利用网络信息量大、互动及时等特点，通过网络积极宣传心理健康知识。二是建立网络心理咨询平台。利用网络的匿名性和不受时空限制性等特点，通过网络为学生提供专业心理咨询服务，使大学生不仅可以随时随地进行心理求助，更好满足学生的心理需求，还可以消除学生因担心信息泄露而不愿接受心理咨询的后顾之忧。网络心理健康教育是高校学生心理健康教育的新途径，成为线下心理健康教育的有益补充，线上线下立体化、多途径的心理健康教育体系开始构建。

三、规范化发展阶段（2001~2010年）

进入全面建设小康社会阶段，党和政府更加重视高校学生心理健康教育工作，将提升心理健康素质纳入全面建设小康社会的目标之一，并先后出台了一系列的文件和制度，促使大学生心理健康教育日益规范化发展。2001年3月，教育部颁布了《关于加强普通高等学校大学生心理健康教育工作的意见》，这是改革开放以来我国颁布的第一个专门的大学生心理健康教育的文件。该意见充分肯定了大学生心理健康教育工作的重要地位，明确指出，"加强大学生心理健康教育工作是新形势下全面贯彻党的教育方针、实施素质教育的重要举措，是促进大学生全面发展的重要途径和手段，是高等学校德育工作的重要组成部分"①。同时，该意见还对大学生心理健康教育工作的主要任务、内容、原则、方法等方面提出具体性指导意见。这一文件的出台，标志着我国高校大学生心理健康教育从探索发展进入规范化发展阶段。

---

① 教育部思想政治工作司：《加强和改进大学生思想政治教育重要文献选编（1978—2014）》，知识产权出版社2015年版，第217页。

（一）心理健康教育成为构建和谐社会的重要目标

进入全面建设小康社会，党和国家更加重视心理健康教育，将其纳入经济社会发展之中，上升到国家发展的高度，并在党代会和党的重要工作中多次提及和阐述。2001 年，加强心理健康教育作为思想道德建设的重要内容，被写入《中华人民共和国国民经济和社会发展第十个五年计划纲要》，成为国民经济和社会发展五年规划目标之一。纲要明确提出，要“加强青少年的思想政治、道德品质、心理健康和法制教育，努力建立适应社会主义市场经济发展的思想道德体系”①。2002 年，在党的十六大报告中，心理健康和心理素质提升成为全面建设小康社会的重要标准，全面建设小康社会的目标之一就是要提升包含心理健康素质在内的全民族健康素质。2006 年，党的十六届六中全会提出在和谐文化建设和思想道德建设中要注重“人文关怀”和“心理疏导”，要“注重促进人的心理和谐”，把心理健康教育与保健作为和谐社会建设的一个重要目标，努力“塑造自尊自信、理性平和、积极向上的社会心态”②。2010 年颁布的《国家中长期教育改革和发展规划纲要（2010—2020 年）》明确将心理健康教育纳入国家教育改革发展的战略主题，要努力促进学生身心健康发展。

（二）心理健康教育是教育部门和高校的重要职责

这一时期，党和政府先后出台了《关于加强普通高等学校大学生心理健康教育工作的意见》(2001)、《普通高等学校大学生心理健康教育工作实施纲要》(2002)、《关于进一步加强和改进大学生心理健康教育的意见》(2005）等一系列加强大学生心理健康教育的专门性文件，指导着高校学生心理健康教育工作愈来愈规范化发展。2001 年 3 月，教育部颁布了《关于加强普通高等学校大学生心理健康教育工作的意见》，作为第一个针对大学生心理健康教育的专门性文件，进一步厘清了大学生心理健康教育的

---

① 中华人民共和国中央人民政府网站：《中华人民共和国国民经济和社会发展第十个五年计划纲要》，2001 年 3 月 15 日。

② 《中共中央关于构建社会主义和谐社会若干重大问题的决定》，人民出版社 2016 年版，第 25 页。

重要地位，并从心理健康教育的主要任务、工作原则、途径方法、队伍建设等方面提出了具体的发展方向和实施途径，从而拉开了心理健康教育规范化发展的序幕，为随后心理健康教育的发展奠定了思想和方向基础。2002 年，教育部办公厅印发《普通高等学校大学生心理健康教育工作实施纲要（试行）》，提出要“以全面推进素质教育为目标，以提高大学生的心理素质为重点，促进学生全面发展和健康成长”①，并从指导思想、主要任务、主要内容、途径和方法、领导和管理以及师资队伍建设等方面对高校大学生心理健康教育工作提出了更为具体的指导性意见。2004 年，《中共中央国务院关于进一步加强和改进大学生思想政治教育的意见》颁布，强调要“开展深入细致的思想政治工作和心理健康教育”②。2005 年 1 月，教育部、卫生部、共青团中央联合发布《关于进一步加强和改进大学生心理健康教育的意见》，对大学生心理健康教育的总体要求进行了进一步明确，并从提高大学生心理健康教育和心理咨询工作水平、加强队伍建设、建立和完善体制机制建设等方面提出了改进措施。2005 年 6 月，为了切实加强和改进大学生心理健康教育，教育部组织相关专家成立了“普通高等学校学生心理健康教育专家指导委员会”，负责高校学生心理健康教育工作的研究、咨询、评价和指导。③ 一系列文件的出台，为这一时期心理健康教育的规范化发展指明了方向，专业指导委员会的成立使心理健康教育的领导体系和组织架构越来越完善，保障了心理健康教育的发展越来越规范，从而朝着专业化、科学化的方向发展。

（三）大学生心理健康教育采取的主要措施及成效

这一时期，党和政府的高度重视大学生心理健康教育，先后出台了一系列的政策和文件，使大学生心理健康教育发展更为规范，实现了由自下

---

① 教育部思想政治工作司：《加强和改进大学生思想政治教育重要文献选编（1978—2014）》，知识产权出版社 2015 年版，第 233 页。

② 教育部思想政治工作司：《加强和改进大学生思想政治教育重要文献选编（1978—2014）》，知识产权出版社 2015 年版，第 267 页。

③ 教育部思想政治工作司：《加强和改进大学生思想政治教育重要文献选编（1978—2014）》，知识产权出版社 2015 年版，第 320 页。

而上的自组织形式向自上而下的规范化发展模式的转变，逐渐形成了政策引导、机构设置、课程规范、队伍建设、活动开展等规范化的发展体系。

1. 颁布了一系列有利于大学生心理健康教育规范化发展的纲领性文件，促进大学生心理健康教育发展更加规范和科学。这一时期，党和政府先后出台了《关于加强普通高等学校大学生心理健康教育工作的意见》(2001)、《普通高等学校大学生心理健康教育工作实施纲要》(2002)、《中共中央国务院关于进一步加强和改进大学生思想政治教育的意见》(2004)、《关于进一步加强和改进大学生心理健康教育的意见》(2005) 等文件，这些文件进一步明确高校学生心理健康教育是实施素质教育的重要举措，强调大学生心理健康教育在加强和改进大学生思想政治工作中的地位和作用，还从指导思想、根本任务、教育目的、主要内容、方法和途径、队伍建设等方面为大学生心理健康教育的具体开展指明了方向、途径和可操作的实施方案，指导着大学生心理健康教育的规范化发展。

2. 成立了普通高等学校学生心理健康教育专家指导委员会，为心理健康教育的规范化发展提供了组织保障。为进一步促进高校学生心理健康教育的规范发展，充分发挥专家学者在心理健康教育规范化发展中的指导作用与咨询辅导，2005 年 6 月，教育部组织相关专家学者成立了“普通高等学校学生心理健康教育专家指导委员会”，负责高校学生心理健康教育工作的研究、咨询、评价和指导。① 专家指导委员会的成员主要由长期从事心理科学和心理健康教育教学、咨询和研究的高校教师中聘任，同时，也聘任了部分从事高校教育管理工作的党政部门负责同志。这样一大批心理健康教育领域的专家学者不仅在大学生心理健康教育的理论研究和制度设计等方面给予了科学指导和专业解惑，而且在大学生心理健康教育的实践探索中传递着最新最有效的成功教育方法和经验，促使大学生心理健康教育的发展日益规范化、专业化。

3. 建立了高校心理健康教育教师培训平台，大力提升师资队伍的专业

① 教育部思想政治工作司：《加强和改进大学生思想政治教育重要文献选编（1978—2014)》，知识产权出版社 2015 年版，第 320 页。

化水平。加强师资队伍建设是实现大学生心理健康教育规范化、专业化发展的人力要保障。教育部在 2001 年颁布的《关于加强普通高等学校大学生心理健康教育工作的意见》中提出，要将高校心理健康教育工作者纳入学生思想政治工作队伍管理序列，“通过专、兼、聘等多种方式，建设一支以少量精干专职教师为骨干，专兼结合、专业互补、相对稳定的高等学校大学生心理健康教育工作队伍”①，对大学生心理健康教育师资队伍建设指明了方向。2001 年 10 月，由教育部社政司建立的“全国高校大学生心理健康教育教师培训中心”在天津师范大学心理与行为研究中心成立，这是我国建立的第一个专业的心理健康教育教师培训机构，主要负责对全国高校大学生心理健康教育骨干教师进行专业培训。培训采用知识讲授与实践操作相结合、参观学习与经验交流相结合、专题讲座与学习研讨相结合等多种形式进行，提升了心理健康教育工作者的专业理论素养，推广了心理咨询的新技术、心理健康教育的新方法，交流了大学生心理健康教育先进的经验和成功的案例。到 2007 年初，培训中心就举办了 10 期培训班，培训心理健康教育骨干教师 660 余名，为全国高校学生心理健康教育的专业化发展输送和培养了一大批骨干力量，为心理健康教育的专业化发展奠定了人才基础。

4. 研制了中国大学生心理健康测评系统，为我国大学生心理健康教育提供了本土化的、拥有我国自主知识产权的心理测量工具。2001 年 10 月，中国大学生心理健康相关量表编制课题组成立，在广泛开展调查研究和征求专家学者意见的基础上，经过课题组成员 3 年时间的共同努力，最后形成《中国大学生心理健康测评系统》，这是我国第一套拥有我国自主知识产权的心理测量工具。这套测评系统由 4 个心理健康相关量表和 1 个计算机软件构成，4 个心理健康相关量表是中国大学生心理应激量表（CCSPSS）、中国大学生人格量表（CCSPS）、中国大学生适应量表（CCSAS）、中国大学生心理健康量表（CCSMHS），1 个计算机软件是中国大学生心理健康测评系统软件（CSPA）。这套测评系统是结合我国社会文化条

① 教育部思想政治工作司：《加强和改进大学生思想政治教育重要文献选编（1978—2014）》，知识产权出版社 2015 年版，第 218 页。

件和中国大学生特点研制的，研制出来以后在近百所高校推广使用后收到良好效果，极大增强了大学生心理健康教育的科学性和有效性。

5. 开设了心理健康教育选修课程，扩大了心理健康教育知识在大学生中的普及面。2001 年，教育部颁布《关于加强普通高等学校大学生心理健康教育工作的意见》，积极鼓励“各高等学校应创造条件，开设大学生心理健康教育的选修课程或专题讲座、报告等”①。2005 年，教育部颁布《关于进一步加强和改进大学生心理健康教育的意见》，提倡各高校结合实际有针对性地开展心理健康教育选修课程，课程主要内容包括：宣传普及心理健康知识、介绍增进心理健康教育的途径和方法、解析心理现象和传授心理调适方法等②。在教育部门的积极倡导和政策指导下，各高校开始在教学计划中增加大学生心理健康教育选修课，虽然课程的普及面有所扩大，但相对而言仍是面对部分学生的心理健康教育，还尚未形成面对全体学生的普及型教育体系。

四、科学化发展阶段（2011 年至今）

在科学理论的指导下，高校学生心理健康教育的发展越来越规范化、专业化和科学化。2011 年 2 月，教育部办公厅印发《普通高等学校学生心理健康教育工作基本建设标准（试行）》，这是改革开放以来我国颁布的第一个心理健康教育工作建设标准，标志着高校学生心理健康教育工作由规范化发展转入科学化建设阶段。

（一）在国家政策引导下高校学生心理健康教育发展更为规范、科学

为推动高校学生心理健康教育工作的科学化发展，2011 年 2 月，教育部办公厅印发《普通高等学校学生心理健康教育工作基本建设标准（试行）》，文件从高校学生心理健康教育的体制机制、师资队伍、教学体系、活动体系、服务体系、心理危机预防与干预体系、工作条件七个方面制定

---

① 教育部思想政治工作司：《加强和改进大学生思想政治教育重要文献选编（1978—2014）》，知识产权出版社 2015 年版，第 218 页。

② 教育部思想政治工作司：《加强和改进大学生思想政治教育重要文献选编（1978—2014）》，知识产权出版社 2015 年版，第 281 ~282 页。

了详细的科学化建设标准，为高校学生心理健康教育的科学化发展指明了方向，从而拉开了高校心理健康教育工作科学化建设的序幕。同年 5 月，为了贯彻落实《普通高等学校学生心理健康教育工作基本建设标准（试行）》文件要求，推动心理健康教育课程教学的科学化建设，教育部办公厅又印发了《普通高等学校学生心理健康教育课程教学基本要求》。基本要求充分肯定课堂教学在大学生心理健康教育工作中的主渠道作用，从课程性质与教学目标、主要教学内容、课程设置与教材使用、教学模式与教学方法、教学管理与条件支持等方面对高校学生心理健康教育课程的建设提出了基本要求，指导着课程教学的科学化建设。2012 年 10 月 26 日，由全国人民代表大会常务委员会发布、于2013 年5 月开始正式实施的《中华人民共和国精神卫生法》（以下简称《精神卫生法》），对高校心理健康教育工作的科学化发展具有里程碑的意义，第一次将高校心理健康教育工作上升到国家法律层面，不仅对高校心理健康教育工作的科学化发展提出了更高的要求，而且对高校心理咨询工作提出了更加专业化和规范化的要求，将高校心理健康教育工作的范围限定在校园内或教育活动之中，明确其主要工作职责是确保受教育者在心理健康状态下接受教育。2013 年 12 月，教育部思政司发布《关于开展全国高校心理健康教育示范中心培育建设试点工作的通知》，首批培育建设试点工作单位有北京大学、清华大学、天津大学、南京大学、华中师范大学和西安电子科技大学 6 所高校心理健康教育中心入选，通过发挥全国心理健康教育示范中心的示范功能、引领带动功能、辐射功能，把规范化、专业化和品牌化的大学生心理健康教育机构建设不断引向深入。2017 年 12 月，中共教育部党组印发《高校思想政治工作质量提升工程实施纲要》，将心理育人纳入高校思想政治工作质量提升“十大”育人工程，提出了心理育人质量提升的基本任务和主要内容。2018 年 7 月 13 日，为进一步提升心理育人质量，中共教育部党组印发《高等学校学生心理健康教育指导纲要》，从指导思想、总体目标、基本原则、主要任务等六个方面对新时代高校心理育人科学化发展提出了更为全面的要求。在国家政策指导下，高校学生心理健康教育逐渐由规范化走向法制化、科学化和专业化，并逐渐形成集宣传教育、辅导咨询、危机干预为一体的立体化、全覆盖的心理健康工作网络。

（二）大学生心理问题的新变化促使高校学生心理健康教育向育人模式转变

随着社会改革的持续深入推进、科学技术的迅猛发展和时代发展的日新月异，大学生的思想观念和行为方式也发生了很大的变化，大学生心理健康问题也有了一些新变化。一是由极端性心理问题引发的违法犯罪事件时有发生，在社会上引起了很大的争论。二是大学生自杀率呈上升趋势，“据不完全统计，仅 2001～2005 年，各地报道就有 281 名大学生自杀事件”[①]，心理问题是造成大学生自杀的一个重要因素。三是网络成瘾成为困扰大学生的新的心理问题。随着校园网络的发展，网络生活成为大学生的一种生活方式，对于自制力差的学生来讲，极易沉溺于网络造成网络成瘾，出现学业荒废、与现实脱离等现实问题。四是除了极端的、较为严重的心理问题，近年来在青年大学生群体中还出现了“空心病”“丧文化”“佛系”“道系”“躺平”等现象，这些现象折射出的是当前大学生群体的一种消极的心理状态和精神空虚的思想状况。这些现象的出现虽然是经济、政治、社会发展等综合因素共同作用的结果，但也说明我们的教育存在一些薄弱环节，在注重知识传授、能力培养的同时，未能很好关注青年大学生的精神需求，以至于他们在需求未能得到有效满足与积极引导的情况下，选择采用逃避、回避等消极方式来应对。这也在一定程度上要求高校学生心理健康教育必须转变教育模式，既要立足于当下大学生主要心理问题的解决，又要注重心理问题的预防与干预，更要立足于学生的成长成才与长远发展做好教育引导，要使高校学生心理健康教育从问题模式转向发展模式、由注重危机干预转化开始逐步转向注重促进健康成长的育人模式。

（三）大学生心理健康教育采取的主要措施及成效

自《普通高等学校学生心理健康教育工作基本建设标准（试行）》（2011）发布以来，在科学思想的指导下，大学生心理健康教育的发展越来越规范化、专业化和科学化。

---

① 刘凤云：《大学生自杀现状调查及相关因素分析》，《心理月刊》2020 年第 22 期。

1. 颁布了一系列关于心理健康教育的专业性文件。这些文件是指导高校学生心理健康教育向高校心理育人转化的纲领性文件，为高校学生心理健康教育科学发展指明了方向。自 2011 年以来，中共中央先后印发了《普通高等学校学生心理健康教育工作基本建设标准（试行）》（2011）、《普通高等学校学生心理健康教育课程教学基本要求》（2011）、《中华人民共和国精神卫生法》（2012）、《高校思想政治工作质量提升工程实施纲要》（2017）、《高等学校学生心理健康教育指导纲要》（2018）等文件，对大学生心理健康教育从课程建设到咨询服务、从机制体制到师资队伍建设等多方面制定了详细可操作的指导意见和建设标准，使高校学生心理健康教育逐渐由规范化走向法制化、科学化和专业化。

2. 建设了一批高校心理健康教育与咨询示范中心。2013 年 12 月，教育部思政司发出《关于开展全国高校心理健康教育示范中心培育建设试点工作的通知》，指出开展示范中心培育建设试点工作的目的是“为展示大学生心理健康教育工作的最新成果，引领开展大学生心理健康教育前瞻性、规律性问题的研究与探索，带动大学生心理健康教育多学科、多部门、跨学校之间的协同创新，辐射推动区域和全国高校心理健康教育工作加强交流、提高质量、提升水平”。通知还公布了“北京大学、清华大学、天津大学、南京大学、华中师范大学、西安电子科技大学等 6 所高校心理健康教育中心入选首批培育建设试点工作单位”①。这项工作开展以来，这些试点单位已成为高校学生心理健康教育理论与实践结合、工作与成果领先的“样板间”，发挥着示范、引领带动和辐射功能，把规范化、专业化和品牌化的大学生心理健康教育不断引向深入。

3. 实现了心理健康教育的普及化教育。2011 年 2 月，教育部办公厅印发《普通高等学校学生心理健康教育工作基本建设标准（试行）》，要求在高校开设《大学生心理健康教育》必修课程，同年 5 月，又印发了《普通高等学校学生心理健康教育课程教学基本要求》，从课程性质与教学目标、

① 教育部思想政治工作司：《教育部思想政治工作司关于开展全国高校心理健康教育示范中心培育建设试点工作的通知》，中华人民共和国教育部网站，2013 年 12 月 16 日。

主要教学内容、课程设置与教材使用、教学模式与教学方法、教学管理与条件支持等方面对高校学生心理健康教育课程的建设提出了基本要求，指导着课程教学的科学化建设。至此，心理健康教育由面向部分学生的选修课程变成面向全体学生开设的必修课程，不仅为全体在校学生提供了认识、了解、学习心理健康教育知识的机会，也成为高校心理健康教育工作的“宣传窗口”，实现了心理健康教育对象的全覆盖和普及化。

4. 拓展了心理健康教育的内容。大学生正处于个人成长的黄金时期，也是个人社会化的重要时期，容易产生诸多的心理困扰和思想困惑，这些心理困扰和思想困惑往往又交织在一起难以区分。因此，高校心理育人要以育人为中心，不仅关注学生的心理困扰，注重用心理疏导和心理咨询的方法来解决学生的心理问题，还要关注学生的思想困惑，要把心理疏导与思想教育相结合来解决学生的思想困惑。从一定意义上讲，学生心理问题的核心也是思想和价值观问题，想要深层次解决学生的心理问题，就必须从学生的思想问题着手。因此，要将心理健康教育的内容不断向学生的思想、道德、价值观等领域拓展，利用心理疏导、谈心谈话等方法和心理咨询相关技术，积极对学生进行思想和价值观层面的教育引导，使学生在解决心理问题的同时也能解决思想问题，推动学生的人格完善和精神成长。

5. 丰富了心理健康教育的途径和方法。在高校学生心理健康教育逐渐规范化、专业化、科学化的发展过程中，心理健康教育的途径和方法也在不断创新和丰富，逐渐探索发展出本土化的心理咨询理论和方法，更加契合中国大学生的思想行为特点和心理特征，而且还在原有一对一的个体心理咨询的基础上，逐步增加了团体辅导、心理行为训练等一对多的心理咨询辅导方式。各高校还积极利用现代信息技术开设了电话咨询、网络咨询等心理辅导和咨询形式，极大拓展了心理咨询服务的时间和空间，更好满足了学生的心理服务需求。同时，心理健康教育体制机制建设也在不断完善，各高校都积极采取有效措施加强了对家庭经济困难学生、违纪学生、心理困扰学生等重点人群、新生和毕业生等不同层次学生的分类教育引导，极大提升了心理健康教育的针对性和有效性。各高校对心理健康教育的重视程度也在不断提升，积极利用大学生心理健康宣传日、依托心理健康教育社团和校园文化活动，通过开展心理知识竞赛、心理情景剧、素质拓展活动等方式，积极营造浓厚的心理健康教育氛围。

6. 提升了心理健康教育师资队伍的专业化水平。高校心理健康教育是一项集专业性、实践性和学术性于一体的教育工作，想要做好心理健康教育，就必须努力培养一支专业化水平高的师资队伍，从事心理健康教育的教育者不仅必须具备心理学、教育学等相关专业的理论和知识功底，还要具备开展大学生思想政治教育和心理健康教育丰富的实践经验。在国家政策的指引下，各高校高度重视心理健康教育师资队伍的专业化建设。一是设立了心理健康教育专职岗位，积极招聘具有心理学教育背景的教师，提升心理健康教育专业化水平。二是积极开展心理健康教育人员的教育培训、学习交流和督导，鼓励相关人员通过攻读学位、考取心理咨询师资格证等方式不断提升专业能力，全面提升心理健康教育师资队伍的整体水平。三是进一步健全激励考核与评价机制，积极鼓励和吸引更多的心理健康教育工作者投入到服务学生的心理健康教育工作中去。

第二节　改革开放以来大学生心理健康教育发展的历史经验

我国高校学生心理健康教育自改革开放以来恢复发展至今，已经步入规范化、专业化的科学发展之路，主要表现在：大学生心理健康标准更为合理、全面，大学生心理健康教育内容体系更为科学、完备，高校心理咨询与辅导工作更加规范，心理健康教育师资队伍不断壮大且专业化水平越来越高，大学生心理健康教育体制机制更加完善、育人效果更为明显。通过对 40 多年高校学生心理健康教育发展历程的回顾，可以发现，在党和政府的正确领导下，我国大学生心理健康教育坚持以科学理论为指导，以立足本土为发展原则，根据时代发展做好顶层设计，遵循大学生思想行为形成发展规律，完善心理健康教育体制机制，加强师资队伍专业化建设，从而促进了中国特色大学生心理健康教育的科学发展。

一、坚持科学发展方向

从改革开放以来大学生心理健康教育40多年的发展历程可以看到，大学生心理健康教育的发展始终离不开党和政府的正确领导。在不同历史时期，党和政府根据社会主义现代化建设事业发展的需要和高校学生的思想行为变化轨迹适时调整大学生心理健康教育的政策，颁布了一系列文件来指导大学生心理健康教育的发展。正是在党和政府的正确领导下，我国高校学生心理健康教育才会在短短40多年的时间内发展如此迅速，并取得显著成效。

心理健康教育在我国起步较晚，远远落后于西方发达国家，在初期的发展阶段，由于发展基础相对薄弱，主要依靠借鉴西方的先进理论和有益经验，在解决大学生的心理问题过程中甚至是照搬照抄西方早期心理学及心理咨询的相关理念，但由于中西方在文化背景、社会环境等方面的显著差异，这种照搬照抄和借鉴西方的方式并不能很好解决和满足大学生对心理健康教育的需求，我们必须结合我国实际来探索适合我国高校学生心理健康教育发展之路。但是，探索中国化大学生心理健康教育发展的道路并不是一帆风顺的，尤其是在改革开放初期，人们对心理学和大学生心理健康教育曾经存在很大质疑，甚至将思想问题、政治问题与心理问题相混同。后来，通过运用马克思主义人学理论对其进行科学论证，才逐渐使人们转变了错误观念，大学生心理健康教育成为高校德育的重要途径并得到党和政府的高度重视。随后，党和政府坚持以马克思主义理论作为大学生心理健康教育的指导思想，充分肯定心理健康教育在高校德育工作中的重要地位和突出作用，根据社会发展需要和心理健康教育发展阶段的不同，发布了一系列的纲领性文件指导大学生心理健康教育的科学发展，使大学生心理健康教育的发展越来越规范化、专业化、科学化。

二、坚持立足本土原则

心理健康教育虽然源于西方，但自从在中国生根发芽，就是在不断的冲突与重建中发展，既要满足中国特色社会主义事业发展的需求，又要适应中国社会和文化的发展，更要适应不同时期高校学生群体的思想行为变化和心理特征，因此，探索中国特色的心理健康教育本土化发展模式不仅是高校心理健康教育可发展的必由之路，也是必须坚持的基本原则。只有坚持本土化原则，才能使心理健康教育在中国大地扎根并不断发展壮大；只有坚持本土化原则，才能探索出具有中国特色的、适合中国大学生的心理健康教育科学发展之路，转变西方“不求不治”的被动式咨询为主动适应大学生思想行为特点和心理特征的主动预防和干预；只有坚持立足本土化原则，坚持以科学理论为指导来构建中国特色的大学生心理健康教育体系，才能保证大学生心理健康教育发展方向、发展道路的科学性，才能保证大学生心理健康教育的发展成果能经受得起实践检验。

改革开放以来，高校学生心理健康教育的本土化进程有三个重要的时间点：一是1995年《中国普通高等学校德育大纲》的颁布，确定了高校学生心理健康教育的地位，正式将大学生心理健康教育作为高校德育的重要组成部分，从而确立了心理健康教育与高校德育相结合的中国特色大学生心理健康教育发展道路。二是2004年《关于进一步加强和改进大学生思想政治教育的意见》的发布，明确将心理健康教育作为新形势下加强和改进大学生思想政治教育的有效途径之一，在这一精神指导下，随后又印发了《普通高等学校大学生心理健康教育工作实施纲要（试行）》和《普通高等学校学生心理健康教育课程教学基本要求》等专门性加强心理健康教育的配套制度，促使高校学生心理健康教育在与思想政治教育的紧密结合中更加科学、规范发展，具有中国特色的高校心理健康教育的道路开始步入正轨。三是2017年《高校思想政治工作质量提升工程实施纲要》的颁布，正式提出心理育人的概念，并将心理育人纳入高校思想政治工作质量提升的十大育人体系之中，标志着中国特色的大学生心理健康教育模式的逐渐成熟。在“三全育人”理念的指引下，高校心理育人不断凸显教育主体的全员性、教育过程的全域性、教育方法的系统整合性，提倡要“育心”与“育德”相统一，进一步明确了大学生心理健康教育的育人本质，将“立德树人”成效作为检验高校心理健康教育的标准，有力推动了新时代高校心理育人在中国特色道路上的科学发展。

三、做好顶层设计

做好顶层设计是确保高校学生心理健康教育科学发展的重要保障。在改革开放以来高校学生心理健康教育40多年的发展历程中，在心理健康教育发展的每一个历史阶段，党和政府都会适时根据社会发展需要、心理健康教育的发展、大学生思想行为与心理特征变化颁布一系列纲领性文件来指导心理健康教育的发展。这些纲领性文件的颁布，不仅为心理健康教育的发展指明了方向，更是为其发展进行了科学而详细的规划。这些纲领性文件是大学生心理健康教育发展的指导性文件，其内容都是经过科学调研、反复论证、理性预测才确定下来的，不仅能保证制度颁布后的一段时间内大学生心理健康教育朝着科学合理的方向发展，而且还能促进人力、物力、财力等的整合，合力推进大学生心理健康教育目标的实现。

改革开放以来，党和国家高度重视大学生心理健康教育，根据社会发展需要和大学生思想行为发展需求，不断调整对大学生心理健康教育的科学指导，并制定了切实可行的指导性政策，引导着大学生心理健康教育与高校思想政治教育相互促进、共同发展，合力促进大学生的健康成长。1994年，《中共中央关于进一步加强和改进学校德育工作的若干意见》中将心理健康教育作为德育工作的重要内容，拉开了中国特色高校学生心理健康教育模式的探索之路。正是在党和国家关于高校学生心理健康教育这一发展理念的指导下，经过不断探索，逐渐形成了具有中国特色的心理健康教育的发展道路。2001年颁布的《关于加强普通高等学校大学生心理健康教育工作的意见》，首次对大学生心理健康教育的重要地位、主要任务、工作原则、途径方法、队伍建设等方面进行了详细的发展规划，开启了大学生心理健康教育科学发展之路。之后，国家和政府每隔一两年就会根据发展需求颁布加强和改进心理健康教育以及关于课程等心理健康教育相关工作的建设标准，以确保大学生心理健康教育始终朝着科学方向发展。正是党和国家始终重视做好心理健康教育顶层设计，不仅为大学生心理健康教育规划了具有中国特色的、科学的发展道路，而且还结合不同阶段的发展要求制定了详细的可操作的实施方案，才使得大学生心理健康教育能够始终保持快速、科学的发展。

四、遵循学生思想行为形成发展规律

思想和心理同属于人的意识范畴，人的思想问题和心理问题往往是紧密相连、密不可分的，加强大学生心理健康教育必须要紧密联系学生的思想实际，要立足学生思想行为特征和发展轨迹，遵循思想行为形成发展规律，只有这样才能保证大学生心理健康教育内容的可接受性和教育方法的科学性，从而确保教育效果的有效性。对于大学生而言，他们年龄一般在17～23岁，生理发展逐渐成熟，自我意识蓬勃发展，正处于个体身心发展逐渐走向成熟的发展阶段，也是个体社会化的重要阶段，本身就是思想问题、心理问题的高发期。社会的快速发展导致学习和生活节奏不断加快，也会影响人的世界观、人生观、价值观的形成，如果大学生不能适应快节奏的学习和生活方式，或者思想认识和价值观产生偏差，都会引起各种心理问题。心理问题的发生又常伴有思想问题，心理问题往往是比较表层的问题，思想问题是深层的问题，想要彻底解决学生的心理问题，还必须从思想问题入手。因此，要解决大学生的心理问题必须要紧扣大学生的思想问题，要着力消除大学生各种消极、错误的思想认识和负面情绪，引导他们形成科学、理性的认知，从而以阳光、自信的心态投入学习和生活之中。开展大学生心理健康教育，必须适应大学生的思想行为特点，遵循大学生思想行为形成发展规律。

在改革开放初期很长一段时间内，人们对“心理咨询”这一外来教育方式感到陌生和恐惧，甚至错误认为去做心理咨询的都是有“精神病”的，在这一错误思想的影响下，很多有心理困惑和问题的大学生不愿意去学校的心理咨询室寻求帮助，为适应这一状况，很多学校的心理咨询室也多设置在偏僻的角落。为了有效缓解这种状况，部分高校开始积极探索把心理咨询和思想政治教育的谈心谈话活动结合起来，用谈心谈话的方式来赢得学生的信任，在谈心谈话的过程中有效融入心理健康教育的内容，用心理咨询的方法和技巧帮助学生疏导不良情绪、缓解心理压力、解决心理问题，这种贴近大学生思想实际的育人方法取得了良好的育人效果。很多高校也积极探索除了课堂教学之外的心理健康教育的方法与途径，通过引导学生参加各类参与式的实践活动来亲身感受自己情绪和心理的变化。这种亲身参与和体验式的心理健康教育实践活动，既贴合了大学生喜欢体验式教育的实际，又激发了大学生对心理健康教育的兴趣，获得了大学生对心理健康教育的认可和实效。更为重要的是，我国高校学生心理健康教育更加注重育人导向，积极探索符合大学生思想行为形成发展规律的心理健康教育模式，逐渐形成了以促进人的全面发展为核心的教育为主、注重预防的发展教育模式。

五、培养高素质专业化的师资队伍

心理健康教育的快速有序发展离不开高素质、专业化的师资队伍，师资队伍建设是大学生心理健康教育科学发展的人力和智力保障。改革开放以来，大学生心理健康教育始终保持着快速、有序的发展，越来越规范化、专业化，这都离不开心理健康教育师资队伍的专业化发展。在大学生心理健康教育的恢复发展阶段，心理学相关专业的专业性人才非常匮乏，从事高校学生心理健康教育的教师大多是从事学生思想政治工作的学工干部，虽然他们在学生的教育管理方面有着非常丰富的经验，但是他们在心理健康教育方面的专业知识和技能是相对比较欠缺的。正是由于师资队伍的专业化水平不高，不仅不能及时发现学生中存在的心理问题，还经常把心理问题和思想问题混为一谈，或者把简单的心理问题上升为政治思想问题来处理，导致学生的心理问题并不能得到有效解决。由于缺乏专业化的师资队伍，心理健康教育的效果很难得到保证，也限制了心理健康教育的快速发展。教育部门和各高校也意识到了这一问题，开始通过各种措施大力加强师资队伍建设。一方面，随着心理健康教育相关学科建设的发展，心理学相关专业的学历培养教育越来越正规，规模也不断扩大，很多心理学专业人员加入大学生心理健康教育队伍之中，大大提升了大学生心理健康教育的专业化水平。另一方面，各类心理健康教育的师资培训也开始逐渐增多，对从事心理健康教育的相关人员进行专业知识和能力的教育培训，这一举措有效提升了大学生心理健康教育的职业化水平。在各个加强高校学生心理健康教育的文件中，加强师资队伍建设都是很重要的一部分内容，也正是师资队伍越来越专业化、职业化，使大学生心理健康教育的科学性和有效性得到了保证，才有力促进了心理健康教育的专业化、规范化、科学化发展。

当前，高校学生心理健康教育的发展越来越规范化、专业化，正沿着科学化发展道路快速前进，师资队伍建设始终都是推动中国特色大学生心理健康教育科学发展的重要智力支持和队伍保证。虽然师资队伍的专业化、职业化水平在不断提升，但也存在很多问题，与当前心理健康教育的科学发展不相适应。高校学生心理健康教育的科学发展，不仅要求从事心理健康教育的教育工作者具备专业的知识与技能，能通过心理健康教育课程和讲座等对学生进行心理素质教育，能通过心理咨询和团体辅导帮助学生解决心理问题，也要求他们具备更高的综合素质和能力，要在育人过程中综合运用各种知识和能力，灵活运用各种教育方法和手段，更要具备坚定的理想信念和完善的道德人格，成为学生成长的引路人。

第三节　改革开放以来高校心理健康教育发展的特点

改革开放以来，高校心理健康教育经历了恢复发展、探索发展、规范化发展和科学化发展四个阶段，实现了从面向个别有问题学生到面向部分学生再到面向全体学生的转变，在教育模式、教育内容、教育方法、教育途径、师资队伍、工作机制等方面都得到了很大的改善和优化，呈现出鲜明的特点。

一、教育模式本土化

心理健康教育在我国起步较晚，在发展的初期阶段，主要依靠借鉴西方的先进理论和有益经验，甚至是照搬照抄西方早期心理学及心理咨询的相关理念，但由于中西方在文化背景、社会环境等方面的显著差异，这种照搬照抄和借鉴西方的方式并不能很好解决和满足大学生对心理健康教育的需求，结合实际来探索适合我国高校学生心理健康教育发展道路是我国心理健康教育科学发展的必由之路。在不断的探索发展中，我国逐渐形成了将心理健康教育与思想政治教育融合发展的道路。1994 年，《中共中央关于进一步加强和改进学校德育工作的若干意见》的颁布，将心理健康教育作为高校德育的重要组成部分，不仅明确了心理健康教育的地位，而且也标志着科学构建具有中国特色的大学生心理健康教育模式开始由理论探索变为现实。正是在心理健康教育与思想政治教育的深度融合与相互促进中，具有中国特色的本土化的心理健康教育模式逐渐成熟。

将心理健康教育与思想政治教育融合发展，共同促进学生全面发展，是心理健康教育在我国的本土化发展，也是适应我国国情的大学生心理健康教育发展模式。高校思想政治教育为心理健康教育的发展提供了政策支持、人力支持、硬件支持等，这些都是心理健康教育的科学发展的外部资源保障；同时，高校思想政治教育为心理健康教育的发展在思想基础、发展模式、方式方法、平台保障、机制体制建设等方面提供了内部智力支持。在思想政治教育的大力推动下，高校学生心理健康教育逐渐由以应对问题为主的障碍育人模式转变为以教育为主的发展教育模式，并形成了中国特色的本土化心理健康教育发展模式。心理健康教育的快速发展也促使高校思想政治教育质量的不断提升，有效促进了学生的思想道德素质与心理健康素质的协调发展，更好促进了学生的健康成长与全面发展。

二、教育目标科学化

在改革开放初期，心理健康教育的教育目标主要是为了应对社会快速发展给人的发展所带来的不良情绪和心理问题，其重点是探索非智力因素对人的全面发展的作用。随着心理健康教育与高校德育的不断融合发展，心理健康教育的目标开始逐渐发生了转变，从应对学生的心理问题与障碍逐渐转变为培养学生健康的心理素质，使学生具备良好的个性心理品质和优良品格。进入 21 世纪后，随着素质教育的大力发展和人的主体性的觉醒，心理健康教育作为新形势下实施素质教育的重要举措，其主要目标是培养学生良好的心理素质、优化心理品质、增强心理调适能力和社会适应能力、促进德智体美等全面发展。2013 年 5 月开始实施的《精神卫生法》以法律的形式限定了高校心理健康教育的工作范围，明确其主要目标是促进学生健康成长。心理健康教育的目标从应对有心理问题和障碍的部分学生转变为促进所有学生的健康成长，育人导向更加鲜明。2017 年颁布的《高校思想政治工作质量提升工程实施纲要》提出了“心理育人”，进一步明确心理健康教育的育人本质，心理育人的主要目标是促进学生心理健康素质与思想道德素质、科学文化素质协调发展。为了更好地促进心理育人质量提升，2018 年中共教育部党组印发《高等学校学生心理健康教育指导纲要》，提出了更加系统全面的高校学生心理健康教育的总体目标，即“教育教学、实践活动、咨询服务、预防干预‘四位一体’的心理健康教育工作格局基本形成。心理健康教育的覆盖面、受益面不断扩大，学生心理健康意识明显增强，心理健康素质普遍提升。常见精神障碍和心理行为问题预防、识别、干预能力和水平不断提高。学生心理健康问题关注及时、措施得当、效果明显，心理疾病发生率明显下降”①。综上所述，改革开放以来，我国高校心理健康教育在发展过程中，教育目标始终围绕“培养人”展开，在适应我国社会主义事业发展的过程中不断完善，日益科学。

三、教育内容系统化

高校心理健康教育的内容体系随着社会的发展和心理健康教育的科学发展不断丰富完善，逐渐系统化、科学化。在高校学生心理健康教育的恢复发展时期，心理健康教育是应对问题模式，其主要目的是解决学生的心理问题和心理障碍，所有教育内容相对比较单一。随着教育理念的变化，到了探索发展时期，心理健康教育成为高校德育的重要内容，心理健康教育的目标是培养学生健康的心理素质和良好的个性心理品质，这也促使心理健康教育的内容不断丰富，逐渐形成涉及学业、生活、性与恋爱、社会

① 中共教育部党组：《高等学校学生心理健康教育指导纲要》，中华人民共和国教育部网站，2018 年 7 月 13 日。

交往、情绪调控、压力调节、意志品质，个性品格和潜力开发等内容的相对完整的体系。进入21世纪，随着师资队伍专业化水平的提升，高校心理健康教育的覆盖面逐渐扩大，促进学生健康成长是心理健康教育的主要目的，使得心理健康教育的内容体系更加丰富，价值观教育也逐渐纳入心理健康教育的主要内容之中。2018年，中共教育部党组印发《高等学校学生心理健康教育指导纲要》，在指导思想中明确指出，要“引导学生正确认识义和利、群和己、成和败、德和失”，坚持“育心与育德相统一”，“加强人文关怀和心理疏导”相统一，进一步明确了心理健康教育是具有明确价值导向的活动，将对学生世界观、人生观、价值观的教育引导有效融入高校心理健康教育内容体系，使高校心理育人的内容体系更加系统化和科学化。

四、教育对象普及化

改革开放以来，心理健康教育对象的覆盖面越来越广，从针对部分有心理问题和心理障碍的学生逐渐发展为针对全体学生心理素质全面提升的普及化心理健康教育。在心理健康教育恢复发展时期，受教育理念、师资力量等各方面主客观条件的限制，高校学生心理健康教育的主要对象是有心理问题和心理障碍的学生，采用的是以一对一的心理咨询辅导为主的教育方式，虽然也有部分高校开设了心理健康教育选修课程，但教育对象的覆盖面还是相对单一和小众化。随着心理学专业的快速发展和高校心理健康教育教师培训力度的加大，心理健康教育师资队伍不断壮大，专业化水平大大提升，心理健康教育逐渐从关注学生心理层面的问题开始转移到更多引导学生成长成才，从一对一的心理咨询辅导逐渐发展为面向全体学生的普及化教育。在2018年中共教育部党组印发的《高等学校学生心理健康教育指导纲要》中，明确心理健康教育的目标之一就是“心理健康教育的覆盖面、受益面不断扩大，学生心理健康意识明显增强，心理健康素质普遍提升”。心理健康教育的模式已经从障碍式教育转变为发展性教育，缓解和消除学生的心理问题和心理困扰、预防和干预心理危机发生依然是心理健康教育的主要目标之一，但更多的还是关注全体学生的心理健康素质的整体提升，实现“育心”与“育德”的统一，促进学生的健康成长和全面发展。

五、师资队伍专业化

心理健康教育是一项集专业性、实践性和学术性于一体的教育工作，对师资队伍的要求非常高，从事心理健康教育的人员除了必须具备心理学、教育学等相关专业的知识之外，还要具备综合运用各种教育手段和方法的能力，具备开展大学生心理健康教育丰富的实践经验。高素质、专业化的人才队伍是推动大学生心理健康教育科学发展的人力保障和智力保障。在心理健康教育恢复发展阶段，从事心理健康教育的教师主要是从事思想政治工作的学工干部，他们在大学生思想教育和管理方面具有丰富的实践经验，但是在大学生心理健康教育方面却缺乏专业的知识和技能，经常把学生的心理问题混同于思想问题和政治问题。随着心理学相关学科的发展，培养了一大批心理学专业人才，越来越多的心理学专业人员加入大学生心理健康教育队伍之中，有力促进了大学生心理健康教育师资队伍的专业化发展。同时，随着心理健康教育的不断发展，各类针对大学生心理健康教育的师资培训也逐渐增多，大大提升了大学生心理健康教育师资队伍的专业化水平。心理育人这一概念是基于“三全育人”体系提出的，实现全员育人是心理育人应有之义。2018 年颁布的《高等学校学生心理健康教育指导纲要》强调，要“充分调动全体教职员工参与心理健康教育的主动性和积极性”，更加凸显高校心理健康教育的“育人”特点。当前，高校心理健康教育师资队伍不断扩大，除了心理健康教育的专职教师，还包括学工战线的领导干部、辅导员班主任、后勤管理服务人员和任课教师等，经过培训的班级心理委员、宿舍长等朋辈群体也是大学生心理健康教育队伍的重要组成部分。另外，社会医疗卫生机构等社会组织的相关专业人员也是心理健康教育队伍的有益补充。心理健康教育的师资队伍不仅专业化水平不断提升，师资队伍力量也在逐渐壮大，育人的体制机制日益健全，育人合力作用正在凸显。

总之，改革开放以来大学生心理健康教育的发展历程，不仅为新时代开展高校心理育人奠定了坚实的基础，也提供了很多可供参考和借鉴的经验，我们必须坚持在科学理论的指导下，坚持守正创新的原则，立足时代发展需要和大学生思想心理发展需求，积极探索促进高校心理育人质量提升的有效措施。

第三章　大力促进高校心理育人的基本思路

2017年12月，中共教育部党组印发《高校思想政治工作质量提升工程实施纲要》，指出要构建心理育人质量提升体系，大力促进心理育人，就是要“坚持育心与育德相结合，加强人文关怀和心理疏导，深入构建教育教学、实践活动、咨询服务、预防干预、平台保障‘五位一体’的心理健康教育工作格局，着力培育师生理性平和、积极向上的健康心态，促进师生心理健康素质与思想道德素质、科学文化素质协调发展”①。2018年7月，为进一步推进心理育人工作，中共教育部党组又印发《高等学校学生心理健康教育指导纲要》，明确指出要“深入学习贯彻习近平新时代中国特色社会主义思想，全面贯彻党的教育方针，把立德树人的成效作为检验学校一切工作的根本标准，着力培养德智体美全面发展的社会主义建设者和接班人。坚持育心与育德相统一，加强人文关怀和心理疏导，规范发展心理健康教育与咨询服务，更好地适应和满足学生心理健康教育服务需求，引导学生正确认识义和利、群和己、成和败、得和失，培育学生自尊自信、理性平和、积极向上的健康心态，促进学生心理健康素质与思想道德素质、科学文化素质协调发展”②。这是新时代高校大力促进心理育人工作的基本遵循。

---

① 中共教育部党组：《高校思想政治工作质量提升工程实施纲要》，中华人民共和国教育部网站，2017年12月7日。

② 中共教育部党组：《高等学校学生心理健康教育指导纲要》，中华人民共和国教育部网站，2018年7月13日。

第一节 科学定位高校心理育人的主要目标

新时代高校心理育人的发展，必须以习近平总书记关于高等教育和高校思想政治工作的相关论述为指导，以《高校思想政治工作质量提升工程实施纲要》（2017）、《高等学校学生心理健康教育指导纲要》（2018）两个纲领性文件为基本遵循，科学定位新时代高校心理育人的主要目标，这是大力促进高校心理育人的首要问题。

一、不同历史时期高校心理健康教育的目标

一直以来，高校心理健康教育都是高校德育工作的重要内容，其根本目的也始终围绕“培养人”展开的，在我国社会主义事业发展的不同历史时期有不同的规定，表现为阶段性的具体目标。

改革开放初期，虽然教育界对大学生心理健康问题已经开始关注，但是重视程度不够，加上观念落后、资源匮乏、专业师资严重缺乏，各高校从事大学生心理健康教育的主要是由辅导员为主体的学生教育管理人员，他们在学生教育管理方面具有丰富的工作经验，但缺乏开展大学生心理健康教育所必需的心理学相关专业教育背景和工作经验，使得他们对大学生心理问题甄别不够，经常将心理问题与思想问题、政治问题混淆在一起处理和解决，心理健康教育的效果不佳。这一时期，高校学生心理健康教育虽然已经开始恢复发展，但还处于一种自发状态，其主要目标是为了应对社会快速发展给学生带来的不良情绪和心理问题，侧重探索非智力因素对人的全面发展的作用。

随着改革开放的不断推进，社会发展对人的素质和能力的提升也提出了更高的要求，促使学生在思想观念、知识能力、心理素质等方面尽快适应社会发展要求，成为高校德育需要研究和解决的新课题。1994 年，《中共中央关于进一步加强和改进学校德育工作的若干意见》中明确将大学生心理健康教育作为德育工作的重要内容。1995 年，《中国普通高等学校德

育大纲（试行）》中将“健康的心理素质”纳入高校德育目标，并提出了具体规格要求，要培养学生“具备良好的个性心理品质和自尊、自爱、自律、自强的优良品格，具有较强的心理调适能力”①。自此，高校学生心理健康教育正式成为高校德育工作的重要内容和途径，其主要目标是适应社会快速发展的需要，培养学生健康的心理素质和较强的心理调适能力。

世纪之交，随着教育改革的深化发展和素质教育的全面推进，心理健康教育成为新形势下实施素质教育的重要举措。1999 年，《中共中央、国务院关于深化教育改革，全面推进素质教育的决定》中将心理健康教育纳入素质教育的主要内容之中。2001 年，《教育部关于加强普通高等学校大学生心理健康教育工作的意见》中明确指出，“高等学校培养的学生不仅要有良好的思想道德素质、文化素质、专业素质和身体素质，而且要有良好的心理素质”②，高校学生心理健康教育的主要目标是培养学生良好的心理素质，优化心理品质，增强心理调适能力和社会适应能力，促进综合素质的全面提升。2003 年，《关于进一步加强高校学生管理工作和心理健康教育工作的通知》中指出，“心理健康教育工作对于预防学生伤害的发生，具有十分重要的作用”③，危机预防成为心理健康教育的主要目标之一。2005 年，《关于进一步加强和改进大学生心理健康教育的意见》中指出，高校学生心理健康教育的主要目标是“以邓小平理论和‘三个代表’重要思想为指导，遵循思想政治教育和大学生心理发展规律，开展心理健康教育，做好心理咨询工作，提高心理调节能力，培养良好心理品质，促进大学生思想道德素质、科学文化素质和身心健康素质协调发展”④。促进学生综合素质的提升，实现思想道德素质、科学文化素质和身心健康素质协调

① 教育部思想政治工作司：《加强和改进大学生思想政治教育重要文献选编（1978—2014）》，知识产权出版社 2015 年版，第 155 页。

② 教育部思想政治工作司：《加强和改进大学生思想政治教育重要文献选编（1978—2014）》，知识产权出版社 2015 年版，第 217 页。

③ 教育部思想政治工作司：《加强和改进大学生思想政治教育重要文献选编（1978—2014）》，知识产权出版社 2015 年版，第 256 页。

④ 教育部思想政治工作司：《加强和改进大学生思想政治教育重要文献选编（1978—2014）》，知识产权出版社 2015 年版，第 281 页。

发展，是这一阶段高校学生心理健康教育的主要目标，在这一目标指引下，高校学生心理健康教育发展越来越规范化。

2011 年颁布的《国家中长期教育改革和发展规划纲要（2010—2020 年）》和《普通高等学校学生心理健康教育工作基本建设标准（试行）》两个文件拉开了高校学生心理健康教育科学化发展的序幕，高校学生心理健康教育的主要目标也更加科学，育人导向更为凸显。在《国家中长期教育改革和发展规划纲要（2010—2020 年）》中，提出我国教育要“促进德育、智育、体育、美育有机融合，提高学生综合素质，使学生成为德智体美全面发展的社会主义建设者和接班人”，其中，加强心理健康教育是重要的一部分，要通过心理健康教育“促进学生身心健康、体魄强健、意志坚强”①。为贯彻这一精神，推动高校心理健康教育工作的科学化建设，教育部办公厅同年又下发了《普通高等学校学生心理健康教育工作基本建设标准（试行）》，从体制机制、师资队伍、教学体系、活动体系、服务体系、心理危机预防与干预体系、工作条件等方面制定了建设标准。2013 年 5 月开始实施的《精神卫生法》限定了高校心理健康教育的工作范围，明确其主要目标是促进学生健康成长。2017 年，中共教育部党组印发《高校思想政治工作质量提升工程实施纲要》，正式提出“心理育人”的概念，并进一步明确了心理育人的主要任务和主要内容。2018 年 7 月，为大力促进心理育人质量提升，中共教育部党组又印发了《高等学校学生心理健康教育指导纲要》，进一步明确高校学生心理健康教育的指导思想和总体目标。要不断扩大心理健康教育的覆盖面、受益面，进一步增强学生的心理健康意识、提升心理健康素质、解决心理健康问题、减少心理疾病发生率，“引导学生正确认识义和利、群和己、成和败、得和失，培育学生自尊自信、理性平和、积极向上的健康心态，促进学生心理健康素质与思想道德素质、科学文化素质协调发展”②。这两个文件是目前高校学生心理健

① 教育部思想政治工作司：《加强和改进大学生思想政治教育重要文献选编（1978—2014）》，知识产权出版社 2015 年版，第 402 页。

② 中共教育部党组：《高等学校学生心理健康教育指导纲要》，中华人民共和国教育部网站，2018 年 7 月 13 日。

康教育的纲领性文件，是心理健康教育科学发展的基本遵循。

纵观改革开放以来高校心理健康教育工作目标的转变，其根本目标始终围绕“培养人”这一中心，经历了从满足社会发展需要到满足人的全面发展需要的发展过程；其主要目标则始终围绕“提高心理素质、健全人格、促进身心协调发展”这一中心任务经历了从以应对问题、注重防范和治疗为主的障碍育人模式逐渐转变为以教育为主、以咨询治疗和预防为辅的发展教育模式。改革开放后很长一段时间，心理健康教育的主要任务就是消除影响社会发展的不稳定因素，以应对问题为出发点，其目标定位是以满足社会发展需要为首要任务，人的发展是处于次要地位的。随着市场经济的深入发展，人的主体意识被唤醒，人的发展需求更加受到重视，高校学生心理健康教育的主要任务除了应对问题，开始注重加强教育和预防。一直到世纪之交，高校学生心理健康教育才开启以教育为主、预防为辅的发展教育模式，高校学生心理健康教育的主要任务是提升学生综合素质，促进人的全面发展。当前，中国特色社会主义进入新时代，心理育人作为高校思想政治工作的重要组成部分，在满足社会发展需求同时更要满足人的全面发展需求，要始终坚持立德树人，将促进人的全面发展放在首要位置，坚持把促进社会全面进步和人的全面发展相结合，将“育心”与“育德”相结合，“培育学生自尊自信、理性平和、积极向上的健康心态，促进学生心理健康素质与思想道德素质、科学文化素质协调发展”①。

二、新时代高校心理育人的主要目标

《高校思想政治工作质量提升工程实施纲要》（2017）和《高等学校学生心理健康教育指导纲要》（2018）对高校心理育人的指导思想、主要任务、总体目标等做了详细的阐述，不仅为新时代高校心理育人的发展指明了方向，也明确了高校心理育人的主要目标。

（一）新时代高校心理育人主要目标制定的依据

新时代高校心理育人主要目标的制定要以习近平总书记关于高等教育

① 中共教育部党组：《高等学校学生心理健康教育指导纲要》，中华人民共和国教育部网站，2018 年 7 月 13 日。

和高校思想政治工作的相关论述为指导思想，以《高校思想政治工作质量提升工程实施纲要》和《高等学校学生心理健康教育指导纲要》两个纲领性文件为基本遵循，要把促进人的全面发展作为出发点和归宿，凸显培育时代新人的价值指向，以提升心理健康素质、培育健康心态为重要任务，做到“育心”与“育德”的统一。

1. 把促进人的全面发展作为出发点和归宿。习近平总书记在全国高校思想政治工作会议上强调，“思想政治工作从根本上说是做人的工作，必须围绕学生、关照学生、服务学生”①。心理育人作为高校思想政治工作质量提升工程的重要组成部分，必须始终坚持以习近平新时代中国特色社会主义思想为指导，尤其是以习近平总书记关于高校思想政治工作的相关论述为指导，紧紧围绕立德树人根本任务，立足于人的全面发展的需求，坚持“育心”与“育德”相统一，在提升学生心理健康素质的同时也要注意提升思想道德素质与科学文化素质，促进学生心理健康素质与思想道德素质、科学文化素质的协调发展，从心理和精神层面推动学生成长与全面发展，最终实现人的智力、体力以及思想品德、精神状态的充分自由发展。

2. 凸显培育时代新人的价值指向。自党的十九大提出“培养担当民族复兴大任的时代新人”重要任务以来，党和政府在多个重要会议和讲话中多次强调并阐述。2018 年全国宣传思想工作会议上进一步强调，“要坚持立德树人、以文化人，建设社会主义精神文明、培育和践行社会主义核心价值观，提高人民思想觉悟、道德水准、文明素养，培养能担当民族复兴大任的时代新人”②；2018 年全国教育大会上将培养时代新人具体化为“培养德智体美劳全面发展的社会主义建设者和接班人”，提出“培养一代又一代拥护中国共产党领导和我国社会主义制度、立志为中国特色社会主义奋斗终身的有用人才”③ 的要求。高校心理育人作为高校思想政治工作质量提升工程的重要组成部分，培育时代新人也是心理育人的价值指向，

---

① 《习近平谈治国理政》第二卷，外文出版社 2017 年版，第 377 页。

② 《习近平在全国宣传思想工作会议上强调：举旗帜聚民心育新人兴文化展形象 更好完成新形势下宣传思想工作使命任务》，《人民日报》2018 年 8 月 23 日。

③ 《习近平在全国教育大会上强调：坚持中国特色社会主义教育发展道路　培养德智体美劳全面发展的社会主义建设者和接班人》，《人民日报》2018 年 9 月 11 日。

在2018年颁布的《高等学校学生心理健康教育指导纲要》中有充分体现。指导纲要强调，价值引导也是高校心理健康教育的主要目标之一，指出心理健康教育要“引导学生正确认识义和利、群和己、成和败、得和失，培育学生自尊自信、理性平和、积极向上的健康心态”①。要充分发挥心理育人在培育时代新人中的理想信念导向、积极行为激励、道德人格塑造等方面的功能，凸显心理育人在新时代的价值承载。

3. 以提升心理健康素质、培育健康心态为重要任务。心理育人作为高校思想政治工作质量提升“十大”育人工程之一，既和其他育人工作一起担负着立德树人的重任，又有区别于其他育人的专属任务。良好的心理素质是学生成长成才的基础，制约和影响着学生世界观、人生观、价值观的形成。同时，每个人在世界观、人生观、价值观的形成和发展过程都始终伴随着知、情、意、信、行五个方面心理选择机制的协调统一。高校心理育人既要凸显培育时代新人的价值指向，将世界观、人生观、价值观的教育引导纳入心理育人的主要目标之中，还要以提升心理健康素质、培育健康心态为重要任务。要促进学生的心理健康意识明显增强，促使所有学生心理健康素质普遍提升；要全力做好学生心理行为问题的预防和干预，努力减少心理疾病和心理危机事件的发生率，促进每一位学生的健康成长成才；要着力培育学生理性平和、积极向上的健康心态，为人的全面发展奠定良好的心理基础，实现社会全面进步与人的全面发展。

（二）新时代高校心理育人主要目标的具体内容

2018年颁布的《高等学校学生心理健康教育指导纲要》中明确了高校学生心理健康教育的总体目标，就是“教育教学、实践活动、咨询服务、预防干预‘四位一体’的心理健康教育工作格局基本形成。心理健康教育的覆盖面、受益面不断扩大，学生心理健康意识明显增强，心理健康素质普遍提升。常见精神障碍和心理行为问题预防、识别、干预能力和水平不断提高。学生心理健康问题关注及时、措施得当、效果明显，心理疾病发生率明显下降”②。具体而言，新时代高校心理育人的主要目标包含以下主

---

①② 中共教育部党组：《高等学校学生心理健康教育指导纲要》，中华人民共和国教育部网站，2018年7月13日。

要内容。

1. 形成“四位一体”的心理健康教育工作格局。教育教学、实践活动、咨询服务、预防干预是高校心理育人工作的重要内容，四者相互配合，互为补充。教育教学是心理健康教育的主渠道，实践活动是教育教学的有益补充，二者是实现普及性教育的重要保障；咨询服务主要针对有心理服务需求的学生，预防干预是为了防止心理危机事件的发生，二者针对的都是心理健康教育的重点群体。形成教育教学、实践活动、咨询服务、预防干预“四位一体”的心理健康教育一体化工作格局是构建心理育人长效机制的重要保障，也是确保心理育人其他目标能够得以实现的前提条件。

2. 实现普及化心理健康教育。心理育人概念的提出是改革开放以来高校心理健康教育科学发展的必然结果，完成了我国高校学生心理健康教育从以应对问题、注重防范和治疗为主的障碍育人模式向以教育为主、以咨询治疗和预防为辅的发展教育模式的转变，凸显了以育人为中心的中国特色心理健康教育理念。普及化心理健康教育包含三个层次：一是对象的全覆盖。心理健康教育的对象是全体大学生，要提升全体大学生的心理健康意识，使他们了解心理健康教育的基础知识、常见的心理障碍类型与特征、有效心理调适的途径与方法等。二是成长阶段的全覆盖。大学生成长成才具有阶段性特征，不同成长阶段有不同的心理需求，所产生的心理问题也不相同，要根据学生成长阶段的不同开展相应主题的心理健康教育。三是心理需求的全覆盖。大学生的成长成才具有个性化特征，要依据大学生个性化的心理需求开展有针对性的心理健康教育，让每一个有心理服务需求的大学生都能得到有效满足。

3. 做好群体性心理健康素质拓展。将一些具有相同或者相似思想和行为特征的大学生，通过一定时空环境创设让他们成为群体教育对象，是大学生思想政治教育的常见做法，如大学生党团骨干培训班、学习兴趣小组、创新创业团队等。在大学生心理健康教育过程中，团体辅导是一种应用越来越广泛的心理辅导形式，能够与个体咨询与辅导互为补充，更好促进大学生群体的心理素质拓展。一是促进普及性心理健康教育的精细化与实践性。根据不同群体共性的心理特征或心理需求开展团体辅导，能深化大学生对普及性心理健康教育知识的理解，促进他们运用已有的心理健康知识来分析和解决自身心理问题。二是营造良好群体心理健康自助互助氛围。大学生群体在大学生成长成才中发挥着重要的作用，是大学生成长成才不可或缺的环境要素，针对班级、宿舍等大学生群体开展心理健康素质拓展活动，能够营造群体间良好的心理健康教育氛围，促进个体心理自助能力和群体成员心理互助能力的提升。三是提高解决大学生共性心理问题的能力。帮助大学生有效解决可能出现或已经出现的各种心理问题是大学生心理健康教育的目的，对有着相同或类似心理需求或心理问题的学生开展团体辅导或素质拓展，能够增强群体情境对个体心理潜能的激发作用，可以提高解决共性心理问题的效率。

4. 做好个体性心理健康问题的救助。解决个体性心理健康问题是大学生心理健康教育的落脚点。一要善于发现大学生个体性心理问题。通过心理普查、心理测评、日常心理监测等，及时发展大学生中存在的个体化的心理问题。二要有效提供个性化心理咨询与辅导。通过建设大学生心理咨询室、开展网络心理咨询和 24 小时心理咨询热线等，为有心理服务需求的大学生提供“一对一”的心理咨询服务，提高他们自我救助的能力。三要提高解决个体化心理问题的能力。大学生心理问题的产生往往是多种影响因素综合作用的结果，仅仅依靠学生的自我调适、单纯的心理咨询和辅导很难产生良好的效果，要注意将解决心理问题与解决思想问题、实际问题相结合，多措并举，不断增强化解大学生个体性心理问题的能力。

5. 做好突发性心理危机事件的处置。高校心理育人一方面要通过普遍性健康素质提升、群体性心理健康素质拓展、个体性心理健康问题救助等，有效减少大学生心理疾病的发生率；另一方面要做好学生心理问题的筛查和甄别，做好常见精神障碍和心理行为问题的预防、识别和干预，做好各类突发性心理危机事件的妥善处置，最大限度地保护大学生个体的生命财产安全、维护学校和谐稳定。一要提高预判力。从高校处置各类突发性心理危机事件的实践看，任何一起心理危机事件都有原因可追溯、行为可复原。高校要发挥学校、学院、班级、宿舍四级心理健康教育工作网络的作用，切实提高辅导员、班主任、学生干部、宿舍管理员等人员的心理危机的识别与干预能力，做到“早发现、早预防、早干预”，最大可能降低发生突发性心理危机事件的可能性。二要提高现场干预力。要畅通信息反馈机制，当突发性心理危机事件发生时，心理健康教育教师、辅导员班主任等人员要第一时间赶到现场进行干预，并根据实际需要做好医疗转介和报请公安部门介入等工作，使整个心理危机事件干预过程处在有序、有效、可控的状态之中。三要提高处置力。当大学生突发性心理危机事件涉及网络舆情、校园安全等问题时，要紧急启动校园危机事件处理应急机制，通过寻求政府指导、社会支持和家庭理解等途径，依法依规进行处理，确保校园的安全稳定。

第二节　严格遵循高校心理育人的基本原则

高校心理育人是专业性比较强的育人工作，在育人过程中，必须要坚持“科学性与实效性相结合”“普遍性与特殊性相结合”“主导性与主体性相结合”“发展性与预防性相结合”① 四大基本原则。

一、科学性与实效性相结合

科学性与实效性相结合是心理育人的首要原则。科学性是指心理健康教育必须在科学理论的指导下，依据客观事实，遵循客观规律，运用科学的思维方法来开展。心理育人是专业性很强的育人工作，既要遵循学生身心发展规律和心理健康教育规律，科学规范地开展心理健康教育，更要保证正确的发展方向，必须坚持以马克思主义理论为指导，尤其是要坚持以习近平总书记关于高等教育和高校思想政治工作的相关论述为根本遵循，把促进人的全面发展作为出发点和归宿，坚持“育心”与“育德”相统

① 中共教育部党组：《高等学校学生心理健康教育指导纲要》，中华人民共和国教育部网站，2018 年 7 月 13 日。

一，充分发挥心理育人在培育时代新人中的理想信念导向、积极行为激励、道德人格塑造等功能，做到“为党育人”“为国育才”。科学性是有效开展大学生心理健康教育的前提和基础，确保大学生心理健康教育始终保持正确的发展方向和发展道路。

实效性是德育工作的主要原则之一，指德育工作必须要坚持以育人为目的导向，以提升学生思想道德素质为衡量标准，促进德育功能的有效实现。具体到心理育人中，就是要立足育人这一目标导向，在坚持育人的专业性和科学性的基础上，通过健全体制机制、完善内容体系、改进方法途径、加强师资队伍建设等有效措施，不断扩大心理健康教育的覆盖面和受益面，满足学生的心理发展需求，提高学生的心理健康意识，促进学生心理健康素质的全面提升，为学生的健康成长成才奠定良好的心理基础。实效性是检验心理健康教育效果的衡量标准，能有效促进心理健康教育目标的实现。

科学性和实效性是相辅相成的，科学性是实效性的前提和基础，实效性是科学性的必然结果。只有坚持科学性原则，才能确保心理育人始终保持正确的发展方向和发展道路，才能确保心理育人取得显著成效。只有坚持实效性原则，用育人实效来检验科学性，才能确保心理育人能够始终保持发展的动力，促使心理育人目标的实现。因此，心理育人要始终坚持科学性与实效性相结合的原则，坚持正确的指导思想，遵循学生身心发展规律和心理健康教育规律，以实现育人目标为导向，科学有效地开展心理健康教育工作，全面提升育人能力和水平。

二、普遍性与特殊性相结合

普遍性指事件发生的常见性与必然性，特殊性是事物特有的、不同于其他事物或者一般情况的性质。马克思主义唯物辩证法认为，整个世界是一个普遍联系的有机整体，普遍性寓于特殊性之中，并通过特殊性表现出来，没有特殊性就没有普遍性；特殊性也离不开普遍性，无论世界上的事物再怎样特殊，它也总是和同类事物中的其他事物有某些方面的共同之处，完全不包含普遍性的事物是没有的。在高校心理育人中，要坚持普遍性与特殊性相结合的原则，正确区别大学生中存在的共性和个性心理问题和心理障碍，从而决定是采取普及性教育的方法还是个性化教育的方法。

一方面，大学生群体因为生活空间的同质性、年龄层次的相同性、成长环境的相近性等特点，不仅同一时代的大学生所产生的心理问题、思想问题会有许多同质性的特点，而且不同时代的大学生也会产生相类似的心理问题和思想问题，如个人社会化过程中会产生的压力感等成长发展性问题。因此，在心理育人的过程中，针对在大学生群体中普遍存在的、通过个人努力和积极心理调适就能解决的心理问题，可以采用普及性教育的方式，通过课堂教学、教育宣传和实践活动，向学生传播传授心理健康教育的理论和知识，使大学生提高心理健康意识、增进心理健康知识、掌握心理调适方法，从而促进心理素质的提升与优化。

另一方面，虽然大学生群体的心理问题和思想问题有很多同质性的特征，但由于个体在个性、原生家庭、成长环境、教育环境等影响个人成长和发展的重要因素的差异性，不仅个体所表现出来的心理问题、思想问题不尽相同，即使是同一类型的心理问题、思想问题在不同人的身上也会有不同的表现形式，如因遭受挫折引发的情绪问题、因失恋导致的情感危机等。因此，在心理育人的过程中，既要采用普及型教育的方式促进大学生心理素质和能力的全面提升，更要针对大学生心理问题和思想问题的差异性采取个性化的教育方式，通过针对性强的个体心理咨询和团体心理辅导等方式，有效解决个性化的心理问题和思想问题。

坚持普遍性与特殊性相结合，是有效开展心理育人必须遵循的基本原则。既要坚持普遍性原则，面向全体学生开展普及性心理健康教育，对每个学生健康发展负责，全面提升高校学生的心理健康素质；又要坚持特殊性原则，关注学生个体之间的差异，注重方式方法的创新，分层分类开展有针对性的心理健康教育和心理咨询服务，满足不同学生群体和个体在心理健康服务方面的不同需求。只有坚持普遍性与特殊性相结合，才能更好实现心理育人的目的，才能更好促进学生的成长与发展。

三、主导性与主体性相结合

主导性是一种指向性和规定性，指的是在诸种事物或现象的关系中，总有一些事物或现象居于主导地位，指导、引导、控制和统领着其他事物或现象，促进其他事物或现象能朝着规定的方向发展，进而指导和规定着由所有事物和现象构成的整体系统的性质和走向。高校心理育人也是一个由诸多因素组成的复杂系统，在这一系统中，从事心理健康教育的授课教师、从事心理咨询和辅导的教师、由辅导员和班主任等构成的心理健康教育工作队伍等育人主体在育人过程中起着主导作用，他们根据学生的心理健康状况设定教育目标、确定教育内容、选择教育方法和途径，对教育活动的整个过程进行设计，指导着大学生心理健康意识的提高和心理素质的提升，引导着大学生的健康成长，促进大学生心理健康教育的健康有序发展。

主体性是指在教育实践活动中，教育对象是具有主观能动性的鲜活的人，他们在教育者的教育引导下，并不是完全被动地接受教育内容，而是根据个人的需求有选择性地接受。同时，教育对象在整个教育过程具有能动的反作用，其主体性的发挥程度直接影响着育人的效果，更为重要的，育人的效果如何也要靠受教育者心理健康素质的提升来检验。在心理育人的过程中，大学生是主要的教育对象，他们是心理育人的主体，只有充分尊重学生的主体地位，根据他们的思想行为特点，遵循大学生心理健康发展规律和成长成才规律，选择适合他们的教育内容和方法途径，充分调动他们的积极性和主动性，才能充分满足大学生心理发展的需求，心理育人也才能切实收到实效。

在心理育人过程中，要坚持主导性与主体性相结合的原则。一方面，教育者主导性作用的发挥离不开受教育者的积极配合，只有尊重受教育者的主体地位，充分调动他们的积极性、主动性，才能有效推动心理健康教育的有效开展；只有发挥学生的主体性作用，才能培养学生自主自助维护心理健康的意识和能力，使心理育人收到事半功倍的效果。另一方面，受教育者主体性作用的发挥又必须依赖于教育者的积极引导，离开了教育者的积极引导，大学生的心理健康教育的发展就会失去方向，心理育人就难以收到实效。因此，在心理育人中，既要注意发挥教育者的主导性，还要注意发挥受教育者的主体性，只有将教育者的主导性与受教育者的主体性有机结合，才能真正实现心理育人质量的大力提升。

四、发展性与预防性相结合

发展性是心理学必须坚持的基本原则，是指人的心理发展是一个动态的、变化的过程，要立足长远、立足人的发展来进行心理健康教育，只有这样才能实现心理健康教育的科学发展。坚持发展性原则是高校心理健康教育适应时代发展和人的发展需求的必然要求，是心理健康教育与思想政治工作融合发展的必然结果，更是高校心理育人价值导向的充分体现。心理育人坚持发展性原则，就是要着眼于人的全面发展，立足促进学生的身心和谐发展，通过加强心理健康知识的普及和传播，来充分挖掘学生心理潜能，培养学生积极的心理品质，从而促进大学生心理健康意识的提高和学生心理健康素质的全面提升。

预防性是指人的心理问题的发生都是有规律可循的，通过对大学生常见心理问题和心理障碍的调查研究和科学分析，可以总结不同类型心理问题和心理障碍的表现、影响因素和发展过程，为心理问题和心理障碍的有效识别提供借鉴，便于及时发现、主动预防、有效干预心理问题和心理障碍，从而减少心理问题、心理障碍和心理危机的发生率。通过对心理健康教育相关人员的专业化教育和培训，不断提升大学生心理健康教育师资队伍的专业化、职业化水平，使得大学生心理问题能够被有效识别、及时发现并进行专业疏导，避免较轻的心理问题发展为严重的心理问题。通过不断健全心理危机预防干预体系，不仅能够及时发展潜在的心理危机，而且还能提前做出相应的预案，最大限度预防和减少严重心理危机个案的发生。

发展性是着眼于未来，预防性是防患于未然，二者虽然侧重点不同，但目的却是一样的，都是为了促进学生的健康成长。只有坚持发展性原则，才能使高校心理育人更好满足学生的心理发展需求，更好适应社会进步的需要；只有坚持预防性原则，才能有效减少心理疾病的患病率，降低心理危机的发生率。因此，在高校心理育人中，既要坚持发展性原则，也要坚持预防性原则，要将二者有机结合，在对全体学生开展发展性的心理健康教育和咨询服务的同时，不断完善心理危机的预防干预机制建设，有效减少心理问题、心理障碍和心理危机事件的发生率，使心理疾病的发生率明显下降。

第三节　准确把握高校心理育人的基本要求

心理育人作为“三全”育人格局、“十大”育人体系中的重要环节，必须与其他育人工作保持同向同行，发挥协同育人作用。具体而言，要在坚持“科学性与实效性相结合”“普遍性与特殊性相结合”“主导性与主体性相结合”“发展性与预防性相结合”四大基本原则的基础上，遵循心理育人的基本要求。

一、坚持正确的发展方向

培养什么人，是教育的首要问题。习近平总书记在北京大学师生座谈会上强调，教育就是“培养社会发展所需要的人，说具体了，就是培养社会发展、知识积累、文化传承、国家存续、制度运行所要求的人”①。我国是中国共产党领导的社会主义国家，这就决定了我们的教育必须把培养社会主义建设者和接班人作为根本任务，培养一代又一代拥护中国共产党和我国社会主义制度、立志为中国特色社会主义奋斗终身的有用人才。不管什么时候，教育都要始终坚持为党育人的初心不能忘、为国育才的立场不能改。我国高等教育就是要坚持社会主义办学方向，坚持教育为人民服务，为中国共产党治国理政服务，为巩固和发展中国特色社会主义制度服务，为改革开放和社会主义现代化建设服务。

① 习近平：《在北京大学师生座谈会上的讲话》，人民出版社 2018 年版。

高校思想政治工作关系高校培养什么人、如何培养人、为谁培养人这个根本问题，坚持正确的政治方向是落实培养德智体美劳全面发展的社会主义事业建设者和接班人根本任务的根本保障。心理育人作为高校思想政治工作质量提升工程的重要组成部分，首先必须始终坚持正确的政治方向，要以马克思主义和中国特色社会主义理论为指导，具体到新时代心理育人的科学发展，就是要以习近平新时代中国特色社会主义思想为指导，“全面贯彻党的教育方针，把立德树人的成效作为检验学校一切工作的根本标准，着力培养德智体美全面发展的社会主义建设者和接班人”。要坚持“育心”与“育德”相统一，教育引导学生正确认识个人与他人、与社会、与世界之间的关系，树立正确的人生观、世界观、价值观，“引导学生正确认识义和利、群和己、成和败、得和失，培育学生自尊自信、理性平和、积极向上的健康心态，促进学生心理健康素质与思想道德素质、科学文化素质协调发展”①。

心理育人还是专业性比较强的育人工作，除了要坚持正确的政治方向，还应该坚持科学的发展方向，确保心理育人的规范化、专业化发展。新时代心理育人要以《高校思想政治工作质量提升工程实施纲要》(2017)和《高等学校学生心理健康教育指导纲要》(2018) 两个纲领性文件为统领，构建“四位一体”协同高效的工作体制机制，建设系统科学的教育内容体系，不断改革创新教育的方式方法，努力提升人才队伍的专业化水平，大力促进心理育人的科学发展。高校心理育人作为高校思想政治工作质量提升工程的重要组成部分，是运用心理学的理论和方法来开展思想政治工作，要坚持人文关怀与心理疏导相结合，既要遵循思想政治教育的规律，运用好思想政治教育的原则和方法，还要遵循心理健康教育的规律，运用好心理健康教育的原则和方法，要将二者有机结合，合力推动心理育人的科学发展。

---

① 中共教育部党组:《高等学校学生心理健康教育指导纲要》，中华人民共和国教育部网站，2018 年 7 月 13 日。

二、遵循学生身心发展特点和教育规律

规律是事物之间、事物内部存在的固有的、本质的、必然的联系，是客观存在、不以人的意志为转移的，人们在一切实践活动中都必须遵循规律办事，否则不可能取得实效。习近平总书记在全国高校思想政治工作会议上的讲话中指出，“做好高校思想政治工作，要因事而化、因时而进、因势而新。要遵循思想政治工作规律，遵循教书育人规律，遵循学生成长规律，不断提高工作能力和水平”①。心理育人作为高校思想政治工作质量提升工程的重要组成部分，主要目的在于提升学生的心理健康素质，实现身心协调发展，促进学生全面成长成才，因此，要立足于更好地适应和满足学生心理健康教育服务需求，全面把握学生身心发展的特点，遵循学生成长成才的基本规律，遵循人的思想和心理的形成发展规律，遵循心理健康教育规律，遵循思想政治教育规律。

全面把握学生身心发展特点是有效开展高校心理育人的前提和基本条件，也是大力提升心理育人质量的根本保证。大学生心理健康教育的效果如何，主要还是看学生心理健康素质有没有得到普遍提升，学生的心理问题有没有得到有效缓解和解决，心理危机事件的发生率和心理疾病的患病率有没有降低，这些效果的实现都要依赖于大学生接受心理健康教育的程度，都要依赖于大学生思想和心理的变化发展程度。只有全面了解和掌握学生的身心发展特点，才能有针对性地制订教育计划、设定教育方案和内容、选择教育方法和手段，才能使心理健康教育的内容适应学生的心理发展需求，从而实现心理育人的个性化与精细化，提升心理育人的效果。

心理育人是提升人的心理健康素质的教育实践活动，只有遵循教育规律才能科学有效推进。一是要遵循学生成长成才的规律。个体的成长是多种因素共同作用的结果，要根据学生成长成才的规律来开展心理健康教育，促进学生健康心态的养成、心理素质的优化、心理机能的完善，从而

---

① 《习近平在全国高校思想政治工作会议上强调：把思想政治工作贯穿教育教学全过程　开创我国高等教育事业发展新局面》，《人民日报》2016 年 12 月 9 日。

实现身心协调发展。二要遵循人的思想和心理的形成发展规律。心理健康教育的主要目标是要促进人的心理层面发生变化，只有遵循人的思想和心理发展变化的规律，才能确保教育内容能够内化于心、外化于行。三要遵循心理健康教育规律和思想政治教育规律。心理育人既是心理健康教育工作，也是思想政治工作，还应遵循心理健康教育的规律和大学生思想政治教育的规律，满足社会发展需求和人的全面发展需求，实现促进社会全面进步和人的全面发展的统一。在心理育人过程中，要积极探索心理育人的规律，不断总结实践经验，大力促进心理育人的科学发展。

三、坚持育心与育德相统一

心理育人作为高校思想政治工作质量提升工程的重要组成部分，是“三全”育人体系中的子系统，与其他几个育人体系一起发挥着协同育人的作用。所谓协同，就是要求系统内部各子系统或要素之间构建起协调一致的目标追求，通过各子系统或要素之间相互作用、相互协调、相互促进的联合作用，使各子系统的优化组合和协同效应达到最优，产生“1 +1 > 2”的协同效应，从而实现系统的共同目标。[①] 立德树人是教育的根本任务，育人的根本就是育德，就是要培育德才兼备的、能担当民族复兴大任的高素质人才。无论是心理育人，还是其他育人，都是高校思想政治工作质量提升工程中的重要组成部分，是基于高校思想政治工作的实际进行的划分，各个体系之间既有区别又有联系，还有重合，这样就要求在育人过程中，既要发挥各自的育人功能，又要相互协调、相互配合，发挥协同作用，合力促进育人目标的实现。

改革开放以来，我国高校学生心理健康教育在与思想政治教育的深度融合中，不断探索出具有中国特色的本土化的心理健康教育模式，就是把心理健康教育作为高校思想政治教育的重要内容，和思想政治教育一起共同促进育人目标的实现。心理健康教育和思想政治教育分属于不同的学科

① 石变梅、马建青：《协同创新：高校心理健康教育与思想政治教育结合的发展之路》，《学校党建与思想教育》2018 年第 6 期。

类别，其在理论根基、工作目标、方法途径等方面各有侧重，存在很大的差异性。心理健康教育主要以心理学为理论依据，重点是解决大学生的心理问题、提高心理素质，主要内容是心理知识宣传教育、心理咨询与辅导、心理危机干预与预防等。思想政治教育以马克思主义为理论依据，以提升大学生的思想政治素质为目标，重点是为学生一生健康发展奠定思想基础，主要内容是马克思主义理论教育、爱国主义教育、理想信念教育等。心理健康教育和思想政治教育之间又有交叉，二者都是针对学生意识层面的教育，在作用机制上是相互影响、相互制约、相互促进的。在育人过程中，要注意区分思想道德问题和心理健康问题，根据不同性质的问题采取不同的教育方式，不要简单把思想道德问题当作心理问题来处理，也不要错误地把心理健康问题当作思想道德问题来处理，因为二者采取的教育方式在本质上是有很大区别的。在实际工作中，大学生的思想道德问题和心理健康问题在很多时候是交织在一起的，思想道德问题中可能有心理健康问题，心理健康问题中可能也有思想道德问题，思想问题和心理问题同属于人的精神层面，在解决问题的时候需要把二者结合起来，在提升人的心理健康素质、优化人的心理品质的过程中也要培养积极进取的人生态度和价值观念，实现育心与育德的统一。

四、注重人文关怀和心理疏导

党的十七大报告中第一次提出，在思想政治工作中要“注重人文关怀和心理疏导”。注重人文关怀，就是要坚持以人为本的理念，尊重人的主体地位和个性差异，关注人的多样性、个性化需求，注重调动和激发人的积极性、主动性和创造性，促进人的自由全面发展。注重心理疏导，就是要运用心理学的知识和方法，通过言语沟通和情感疏导等技巧，对个体进行心理疏泄和引导，帮助个体排压解难，促进个体改变自我认知、提高行为能力、改善心理状态、实现自我发展。心理育人的本质是塑造人、完善人、发展人，是通过优化心理健康素质、健全人格发展来实现身心协调发展，从而促进人的全面发展，注重人文关怀和心理疏导，是心理育人的本质要求。

在心理育人中，要始终坚持以人为本的理念，充分尊重学生的主体性地位，全面把握学生身心发展的特点，关心、关注、关爱学生成长，遵循学生成长成才的基本规律和人的思想和心理的形成发展规律，满足学生的成长需求和期待，在育人过程中要充分发挥其积极性和主动性，注重提升其主体意识，完善主体人格。同时，在心理育人的过程中又要讲究方式方法，既不能把心理问题简单等同于思想问题采取说服教育的方法，也不能把思想问题当作心理问题而单纯采用心理咨询的方法。思想问题和心理问题有联系又有区别，很多时候又是交叉在一起的，这就要求在育人过程中，将思想政治教育融入心理健康教育之中，在对学生进行心理疏导的同时，要关心关注学生的发展，要立足于学生的长远发展对学生进行教育引导。

每一个心理问题的产生都有其现实根源，在心理辅导和咨询中要非常注重挖掘原生家庭对学生心理问题的影响。在心理育人过程中，要坚持人文关怀与心理疏导相结合，不仅要根据不同类型的心理问题有选择地采用不同的心理疏导和心理咨询的方法，而且还要注重将解决心理问题与解决实际问题结合起来，科学分析学生心理问题产生的深层次原因和影响因素，通过将心理健康教育与思想政治教育相结合，使学生改变认知、与自己和解、与自己的原生家庭和解，实现心理问题的彻底解决，促进学生健康发展。

五、坚持普及教育与分类指导、个体咨询相结合

心理育人的目的是促进全体学生心理健康素质的普遍提升，培养健康心态，减少心理危机事件的发生率和心理疾病的患病率。但是，受主客观因素的影响，学生的心理健康素质发展是不均衡的，存在很大的个体差异，这就要求我们在心理育人中必须坚持普遍性与特殊性相结合的原则，根据学生的实际情况和个性化的心理发展需求开展有针对性的、精细化的心理健康教育，做到普及教育、分类指导和个体咨询相结合。

一要通过普及教育来全面提升大学生的心理健康素质，为大学生健康成长成才奠定坚实的心理基础。要构建立体化、全覆盖、全时段的心理健

康教育系统，通过课程教学、宣传教育、报告讲座、实践活动等对大学生开展普及性心理健康教育，增强学生的心理健康意识，提升个体的认知能力和自我调适能力，做到全员育人、全过程育人、全时段育人。二要兼顾大学生之间的个体差异，针对不同群体不同问题开展分类分层的教育。生活空间的同质性、年龄层次的相同性、成长环境的相近性等特点使大学生的心理问题存在很多同质性特征，针对同一类型的心理问题，或者针对某一特定群体，或在大学生成长发展的某些重要时间节点，可以采取团体辅导和分层分类的心理教育与辅导，增强针对性。三要通过心理筛查和测评，对大学生个性化的心理问题和障碍采用针对性更强的个体咨询辅导方式。虽然大学生常见的心理问题具有很多相同的特征，但由于遗传因素、个性差异、成长环境不同等因素影响，不仅心理问题的类型存在差异，同一类型的心理问题在不同个体身上也会有不同的表现，同一诱发性事件对个体心理的影响程度也不同，这就需要具体问题具体分析，根据个体的不同情况开展针对性更强的心理咨询辅导或者危机干预，促进个体的成长成才。

因此，心理育人既要对每个学生心理健康发展负责，着眼于促进所有学生心理素质的优化，开展面向全体学生的普及化心理健康教育，又要关注学生个体心理发展之间的不均衡性，开展面向不同群体的分层分类心理健康教育，更要关注学生之间的个性化差异，着眼于解决学生的心理问题、化解心理危机，开展面向个体的心理咨询和心理危机干预，坚持普及教育与分类指导、个体咨询相结合，满足不同学生的心理发展需求，全面促进学生的成长成才。

第四节　系统构建高校心理育人质量提升体系

大力促进高校育人质量提升，要充分发挥心理健康教育的育人功能，围绕心理育人的普及知识教育、扩大宣传发动、强化咨询服务、做好预防干预四大主要任务，系统构建教育教学、实践活动、咨询服务、预防干预、平台保障“五位一体”的心理育人质量提升体系。

一、构建教育教学体系

教育教学是开展普及性心理健康教育的主渠道，也是高校心理育人的主阵地。要努力构建集教材、课程、教学等为一体的教育教学体系，实现心理健康教育的全覆盖。

（一）构建特色鲜明的教材体系

教材建设是教育教学体系建设的基础。心理健康教育自西方引入我国，经过几十年的发展，我国已经逐渐探索出一条中国特色的心理健康教育发展模式，相应地，也要组织编写具有中国特色的心理健康教育教材。要根据社会发展需要和大学生身心发展特点，不断完善心理健康教育的内容体系，使教学内容体系更为规范和科学。既要组织相关专家学者编写大学生心理健康教育示范教材，为大学生心理健康教育普及教育提供可参考的标准，还要考虑不同层次学校人才培养目标的不同，鼓励编写适应不同层次学校人才培养需要的更多高水平教材，努力构建既有统一标准又体现多样化需求的心理健康教育教材体系。

（二）构建多元化课程体系

课程建设是教育教学体系的中心环节。《普通高等学校学生心理健康教育课程教学基本要求》（2011）对心理健康教育课程的性质进行了规定，指出“高校学生心理健康教育课程是集知识传授、心理体验与行为训练为一体的公共课程”①，要求各高校要将心理健康教育课程纳入学校整体教学计划。各地区各高校要结合实际，努力构建以《大学生心理健康教育》公共必修课为主体，以积极心理学、幸福心理学、生命教育、职业生涯规划等选修课程为补充，形成“一体多翼”的多元化课程体系，扩大心理健康教育的覆盖面、受益面。

---

① 教育部思想政治工作司：《加强和改进大学生思想政治教育重要文献选编（1978—2014）》，知识产权出版社2015年版，第455页。

（三）加大教学改革力度

教学活动是教育教学体系的关键，是实现教育教学效果的重要保障。心理健康教育课程的根本任务是培养大学生良好心理素质，塑造积极心理品质，提升思想境界，实现全面发展，在知识积累的基础上，更加注重的学生心理素质和能力的提升。在教学活动中，要灵活使用教材，根据学生的心理发展需求进行教学设计，使教学内容更加贴合学生实际。在教学过程中，还要注重发挥学生的主体作用，综合运用多种教学方法增进学生的情感体验，将知识传授与心理体验、行为训练相结合。尤其要合理运用现代信息技术，积极探索慕课、翻转课堂等教学模式，增强学生的参与感、在场感，提高心理健康教育课程的吸引力和感染力，使学生在普及心理知识、提升心理健康意识的同时，促进心理品质的优化。

二、构建实践活动体系

实践是认识的来源，是认识发展的动力，也是能力提升的重要途径。在心理育人中，实践活动是普及心理健康教育的“第二课堂”，也是教育教学活动的有益补充。实践活动以其活动形式的多样性、活动内容的趣味性、活动过程的互动性等特点更受大学生的喜爱，能够吸引大学生的广泛参与，使大学生在参与式体验中增强心理素质，实现教育目的。要努力构建集宣传教育活动、社会实践活动、素质拓展活动等为一体的实践活动体系，与教育教学体系相得益彰，互为补充。

（一）将线上线下宣传教育活动相融合

当代大学生是网络的“原著民”，网络生活是他们学习生活中不可分割的重要部分。学生在哪里，我们的教育就要做到哪里。要通过“两微一端”、广播、报刊、宣传橱窗等多渠道的传播途径宣传心理健康知识，倡导健康生活方式，提高心理保健能力，营造良好的心理健康教育氛围。还要结合学生生活方式、学习方式、阅读方式等的改变，不断创新心理宣传教育手段，把心理健康教育的内容融入微视频、心理剧等学生喜闻乐见的形式之中，积极探索微信、抖音、快手等短视频宣传方式，迎合学生的多样化需求。积极探索全媒体时代高校心理健康教育宣传教育的有效途径和方法，将线上线下心理健康教育相融合，形成全方位、全时段的心理宣传教育体系。

（二）将教育与自我教育相结合

“只有能够激发学生进行自我教育的教育，才是真正的教育”。在心理育人中，学生既是主要的教育对象，更是教育的主体，学生思想观念的改变、心理素质的提升是施教与受教过程的统一，是教育与自我教育的统一。更为重要的是，“助人自助”本身就是心理健康教育的重要原则，在教育过程中通过引导学生分析自我、改变不合理认知，引导学生通过积极地自我调适来促进心理状况的优化，从而提升心理健康素质和自我调适能力。在心理育人过程中，既要发挥教育者的教育引导作用，更要发挥受教育者的自我教育能力，要积极探索提升学生自我教育能力的有效路径，通过学生社团、团体辅导、朋辈辅导员等多种形式，引导学生进行心理健康自助互助，促进学生自我认知、自我教育、自我成长。

（三）将心理育人生活化、日常化

人的心理发展是人的成长发展中的重要组成部分，不能脱离人的成长而单独发展。经过 40 多年的发展，人们已经逐渐认识到心理健康的重要性，但对于心理问题和障碍还存在一定的偏见，使很多大学生不愿主动参与心理健康教育活动。在高校心理育人中，既要开展普及化心理健康教育，不断加大心理健康教育宣传力度，还要努力探索生活化、日常化的心理健康教育方式。要将心理健康教育与学生的日常教育管理相结合，在学生的日常教育管理中自觉运用心理学知识和方法，有意识地培养学生健全人格和健康心理。要将心理健康教育融入校园文化活动之中，通过开展素质拓展、志愿服务、创新创业等丰富多彩的实践活动，促进学生人际交往能力、团队合作精神、坚强意志品格等的形成和提升，在优化学生心理品质的同时也促进学生综合素质的提升。

三、构建咨询服务体系

咨询服务是指运用心理学的理论和方法，为有心理困扰并主动寻求帮助的学生提供心理咨询和心理辅导，以促进其心理问题或心理障碍得到缓解和解决的心理活动过程。咨询服务是个性化心理健康教育的主要方式，也是非常专业的心理健康教育形式，不仅需要有固定的场所，还必须由专业人员来进行。各高校要成立专门的心理咨询与辅导机构，加强人力、物力投入，积极构建教育与指导、咨询与自助、自助与他助紧密结合的心理健康教育与咨询服务体系。

（一）设立专门的心理辅导与咨询机构

改革开放以来，高校心理健康教育发展逐渐规范化、专业化，其中，组织机构的专门性、明确性是重要依托。心理辅导与咨询具有极强的专业性，需要由专门的机构来组织开展。各高校要高度重视心理辅导与咨询工作，按照教育部相关要求设立专门的心理辅导与咨询机构，加大资金投入，建设符合标准的心理咨询室、心理测评室、积极心理体验中心、团体活动室、综合素质训练场所等，为心理咨询服务的开展提供必要的场地和设施。同时，还要加强组织建设，既要设立心理健康教育专业教师岗位，聘任心理辅导员和咨询的专业性人才，还要集中本校优势力量，加强与校外精神卫生机构的合作，为有心理辅导和咨询需求的学生提供必要的咨询服务，为心理辅导与咨询的有效开展提供坚实的组织保障。

（二）健全心理咨询制度建设

制度是规范心理咨询科学开展的重要保障。《精神卫生法》的正式颁布为高校心理健康教育的开展提供了法律依据，以法律形式规定了高校心理咨询辅导的范围，促使高校心理咨询更加规范。各高校要遵循国家法律的相关规定，按照心理咨询服务专业化建设的要求，不断健全心理健康教育制度建设，尤其要完善心理咨询制度建设，确保心理咨询工作的科学规范运行。保密制度是心理咨询必须遵循的伦理规范，在高校心理咨询中，既要制定严格的心理咨询保密制度，在咨询服务和个案材料保存、呈报等过程中严格执行保密制度，保护来访者的个人隐私，也要明确保密例外情形，保护学生的人身安全。督导制度是帮助心理咨询师快速成长的专业规范，要健全心理督导制度，定期开展心理咨询个案研讨与心理督导活动，关心关注咨询人员的心理健康，不断提高心理咨询的专业水平。还要建立健全心理咨询的值班、预约、重点反馈等制度，形成完善的心理辅导咨询体系，更好满足学生的心理服务需求。

（三）提高心理咨询人员的专业化水平

心理咨询是专业性的心理健康教育活动，对咨询师的素质和能力有专业要求。根据《心理咨询师国家职业标准》，从事心理咨询的人员应该掌握系统的专业理论知识、具备一定的实践操作能力、恪守职业守则和职业道德。各高校要贯彻落实《高等学校学生心理健康教育指导纲要》（2018）要求，设置心理健康教育专职教师岗，聘用具有心理学教育背景和具备心理咨询师资格的教师担任，并构建心理咨询人员的教育培训、个案交流、心理督导为一体的教育培训体系，积极鼓励愿意从事心理咨询工作的教师攻读心理学相关学位、考取心理咨询师资格证、参加心理咨询类培训等，全面提升心理咨询人员的专业化水平，保证心理咨询服务的专业性。

（四）构建全时段、无死角的咨询服务网络

心理咨询辅导是个性化心理健康教育的主要方式，要依据学生的特点和心理服务需求，不断健全心理咨询服务体系建设，构建全时段、无死角的心理咨询服务网络。心理咨询辅导可以分为个体咨询和团体辅导两种。个体咨询是一对一的咨询服务，咨询师通过与来访者进行交流，积极引导来访者改变认知，帮助来访者缓解心理压力、调节不良情绪、解决心理困扰。要积极利用现代信息技术搭建现代化的心理咨询服务平台，将线下心理咨询与电话咨询、网络咨询等多种形式相结合，使有心理援助需求的学生能及时获得有效的咨询服务。团体辅导是一对多的咨询服务，是在团体情境下进行的一种心理辅导形式，个体在团体中通过人际交互作用可以获得更多更好的学习体验。团体辅导和个体咨询都是开展个性化心理咨询服务的有效方式，二者各有利弊，互为补充。要努力构建个体咨询与团体辅导相结合的心理咨询服务体系，满足学生多样化的心理服务需求。

四、构建预防干预体系

心理危机事件是影响学生生命安全和学校安全稳定的重要影响因素，做好预防干预是减少心理危机事件发生率的重要方式。心理危机的预防与

干预是和心理咨询服务相配套的个性化的心理健康教育方式，主要是应对突发性应激障碍和有较为严重心理问题或心理障碍的学生。要坚持预防为主的原则，不断完善心理健康教育工作网络，构建集心理健康状况筛查、心理危机排查、心理危机干预、心理危机应对和转介、善后等为一体的预防干预体系。

（一）完善心理健康教育工作网络

危机干预在很多时候就是生命和时间之间的赛跑，赢得了时间就保证了生命安全，畅通的信息沟通网络对于做好心理危机预防干预非常重要。各高校要充分利用现代信息技术，不断完善学校、学院、班级、宿舍等逐级的心理健康教育工作网络，明确每一级网络的工作职责与要求，各级既各司其职，又相互联系和沟通，在危机事件预警和发生时，能确保信息沟通的畅通无阻，第一时间启动危机干预程序，调动相关人员迅速投入危机干预中，抢占危机干预的先机。有条件的地区可以构建跨校的心理危机干预机构，整合地区的有效资源，提升心理危机干预的效果。

（二）做好心理健康状况筛查

心理健康状况筛查是利用专业性工具对学生心理健康状况进行评估、预判的重要方式，能够有效筛查出需要加强关注的心理健康教育重点群体，提前制定心理健康教育和心理危机干预的方案，提高心理危机干预的成功率。要构建定期筛查与重点筛查相结合的心理健康状况筛查体系，在对学生开展普及性心理健康教育、全面提升学生心理素质的同时，要利用专业性的测评工具对全体学生做好心理健康状况的筛查，建立健全学生心理健康档案。可以在新生入学后进行，根据心理健康普查结果分析学生存在的主要心理问题，为心理健康教育工作的开展提供可供参考的第一手资料，提高心理健康教育的针对性。同时，根据相关量表分析，确定心理健康教育重点关注对象，制定详细的教育引导与预防干预方案，以便及早发现心理危机隐患，减少心理危机事件的发生。要充分利用大数据技术构建学生思想行为表现异常的预警机制，通过搜集学生的思想行为信息，关注学生的思想行为变化，并通过自动化的科学分析和比对，对学生的异常行为表现自动预警，便于及时有效发现心理危机。

（三）提升心理危机识别与干预能力

心理危机的识别与干预都需要具备专业的知识和能力，要加强对以辅导员班主任为主体的学生教育管理人员、以宿管人员为主体的学生后勤服务人员、以心理委员为主体的朋辈心理员等心理健康教育人员的培训，利用各种途径和方法对他们开展经常性的心理危机预防和干预的专题培训，加强精神卫生知识的学习，提高他们的心理危机识别和干预能力，使得他们能在日常的教育、管理、服务工作中，及时发现问题并做出正确的信息反馈，从而做好心理危机事件的有效干预和应对。

（四）构建干预、转介一体化的危机干预体系

要构建学校心理辅导咨询中心、校医院、精神卫生专业机构为一体的心理危机干预诊疗机制。在心理危机干预过程中，必须要遵守相关的法律法规，一定要在《精神卫生法》允许范围内开展危机干预，对不属于高校心理健康教育工作范围的、有严重心理危机的学生，要按照程序和要求做好转介。还要构建家校畅通机制，在心理危机干预过程中必须和学生家长保持沟通，要争得家长同意，与家长达成共识。还要按照有关规定做好心理危机事件的善后工作，对危机事件的当事人及相关人员提供支持性的心理辅导。

五、构建平台保障体系

平台保障是确保心理育人质量提升的重要保证。要构建政策支撑平台、队伍建设平台、研究交流平台等为一体的平台保障体系，从政策指导、机构设置、制度制定、基础设施、人才培养等方面为心理育人的正常、有效开展提供必要的保障。

（一）搭建政策支撑平台

政策支持是高校心理育人科学发展的根本保障。改革开放以来，高校心理健康教育的快速发展离不开国家政策的大力支持，在心理健康教育发展的不同阶段，均出台了一系列关于高校思想政治教育、高校心理健康教

育文件，为高校心理健康教育的发展指明了方向。要持续做好政策支持，根据社会发展需要和人的发展需求，继续研究新时代心理育人的特点和发展规律，搭建政策研究制定、颁布执行、宣传推广、督促落实等完善的政策支撑平台，为心理育人的科学有序开展提供政策性指导意见和专业性建设督导，确保各项心理健康教育的政策都能得到有效落实，确保心理健康教育工作能够在各地区、各高校之间均衡发展。

（二）搭建队伍建设平台

高校心理育人科学发展的关键在师资队伍的专业化建设。《高等学校学生心理健康教育指导纲要》（2018）明确指出，“各高校要建设一支以专职教师为骨干、以兼职教师为补充，专兼结合、专业互补、相对稳定、素质良好的心理健康教育师资队伍”①。这是新时代高校心理健康教育师资队伍建设的根本要求，要努力搭建能有利于整个心理健康教育师资队伍专业化水平提升的教育培训平台，构建从国家到地方到各高校的系统化、多层次的教育培训体系，全面提升心理健康教育人才队伍的素质和专业化水平。

（三）搭建研究交流平台

加强学术研究和交流，可以有效推动心理健康教育学术前沿问题的理论研究和实践经验的总结交流，是促进高校心理育人的科学发展的重要推动力量。只有不断加强对高校心理健康教育所处的时代环境、所面临的机遇与挑战、教育对象的特点等问题的科学研究，不断总结大学生心理健康教育实践工作中的先进经验，才能不断推动大学生心理健康教育的理论创新，才能用最新的理论成果来指导实践，促进高校心理育人质量的提升。要建设高校心理健康教育资源共建共享平台，以高校心理健康教育工作研究会为依托，形成集课题研究、工作经验分享、学术交流等为一体的研究交流平台。

---

① 中共教育部党组：《高等学校学生心理健康教育指导纲要》，中华人民共和国教育部网站，2018年7月13日。

第四章　高校心理育人的关键环节

大力促进高校心理育人，要在正确指导思想指引下，围绕立德树人根本任务，坚持育心与育德相结合，在构建教育教学、实践活动、咨询服务、预防干预、平台保障“五位一体”的高校学生心理健康教育体系的基础上，应重点抓好构建普及性教育体系、完善心理预警防控机制、打造专业化师资队伍、搭建资源共建共享平台、形成示范带动良好效应五个关键环节。

第一节　构建普及性教育体系

心理育人的根本目的是育人，主要对象是所有大学生，开展普及性的心理健康知识教育、促进学生心理健康意识明显增强和心理健康素质普遍提升是心理育人的主要目标之一。要努力构建以心理健康教育教学活动为中心，以宣传教育活动、社会实践活动、素质拓展活动等实践活动为重点的普及性教育体系，积极探索线上线下相结合的心理健康教育方式，不断扩大心理健康教育的覆盖面、受益面。

一、以教学活动建设为中心

教学活动是开展心理健康教育的主阵地，也是心理健康教育的中心环节，由施教者、受教者、教学目的、教学内容、教学方法、教学设备等要素组成。教学活动的开展要以教材为载体、以课程为依托，因此，要努力构建集教材、课程、教学等为一体的教育教学体系，大力推动教学改革，增强心理健康教育教学活动的效果，发挥其主渠道、主阵地作用，实现大学生心理健康教育全覆盖。

（一）完善教材体系

教材是课程教学的载体，是实现课程目标的重要教学资源，是教师“教”与学生“学”的重要依据，教材的质量直接关系到课程教学的质量。编写规范、科学的教材是推动心理健康教育课程教学有序开展的重要保障。随着心理健康教育的规范化发展，尤其是《关于加强普通高等学校大学生心理健康教育工作的意见》（2001）、《普通高等学校大学生心理健康教育工作实施纲要》（2002）、《中共中央国务院关于进一步加强和改进大学生思想政治教育的意见》（2004）、《关于进一步加强和改进大学生心理健康教育的意见》（2005）等一系列文件的相继出台，使心理健康教育的发展更加规范，也为编写教材提供了政策支持和理论指导。据不完全统计，2000 年至今，大学生心理健康教育教材有 200 多本，教材的品类更加多元，内容更具本土化特征，体系更加系统、科学，极大地推动了心理健康教育的普及化开展。新时代高校心理育人的科学发展，要持续做好教材体系建设，教材编写除了要立足本土化发展，应具有系统性、科学性之外，还应体现时代性，不断满足社会发展需要和学生的心理发展需求。一是要组织专家学者编写大学生心理健康教育示范教材，既要充分体现中国特色心理健康教育发展的最新理论成果，又要体现不同时代大学生思想行为和心理特征等变化发展趋势，为大学生心理健康教育普及教育提供可参考的标准，将大学生心理健康教育公共必修课课程的教材与心理学专业教材相区分。二要充分考虑不同层次、不同类型、不同地区高校心理健康教育发展的不均衡性，积极鼓励各高校结合实际编写适应本地区、本高校人才培养目标和学生发展需求的高水平教材，努力构建既有统一标准又体现多样化需求的心理健康教育教材体系。

（二）优化课程设置

课程是教学活动的重要依托，加强课程建设是构建教育教学体系的中心环节。一要将心理健康教育课程纳入学校整体教学计划。《普通高等学校学生心理健康教育课程教学基本要求》(2011) 明确指出，“高校学生心理健康教育课程是集知识传授、心理体验与行为训练为一体的公共课程”，并对大学生心理健康教育课程的教学目标、课程设置等做了详细规定。各高校要严格落实文件要求，规范设置并切实上好大学生心理健康教育课程。二要构建多元化心理健康教育课程体系。《高等学校学生心理健康教育指导纲要》(2018) 指出，要健全心理健康教育课程体系，“大力倡导面向全体学生开设心理健康教育选修和辅修课程，实现大学生心理健康教育全覆盖”①。各高校要结合实际情况，努力构建以《大学生心理健康教育》公共必修课这一通识课程为主体，包含积极心理学、幸福心理学、生命教育、职业生涯规划等选修、辅修课程为有益补充的课程体系，形成重点突出、特色鲜明的多元化、全覆盖的心理健康教育课程体系。三要积极开发在线课程。要充分利用现代信息技术，积极开发建设大学生心理健康教育系列课程的在线课程，形成线上线下课程互为补充、互相促进的良好局面，构建多渠道、全方位的心理健康教育课程格局。

（三）促进教学改革

教学活动是教育教学体系的关键，教材和课程都只有通过教学活动才能发挥作用。《高等学校学生心理健康教育指导纲要》(2018) 指出，要“创新心理健康教育教学手段，有效改进教学方法，通过线下线上、案例教学、体验活动、行为训练、心理情景剧等多种形式，激发大学生学习兴趣，提高课堂教学效果，不断提升教学质量”②。一要尊重学生主体地位。心理健康教育课程的根本任务是培养大学生良好心理素质，塑造积极心理品质，提升思想境界，实现全面发展，在知识积累的基础上，更加注重的学生心理素质和能力的提升。在教学过程中，要注重发挥学生的主体作用，综合运用多种教学方法增进学生的情感体验，将知识传授与心理体验、行为训练相结合。二要加大教学改革力度。心理健康教育课程的目的

①② 中共教育部党组：《高等学校学生心理健康教育指导纲要》，中华人民共和国教育部网站，2018 年 7 月 13 日。

是通过知识传授、心理体验与行为训练，促使学生在知识、技能、综合素质等方面都得以提升，教学目标的多维性要求必须加大教学改革力度。要合理运用现代信息技术教学方法，积极探索慕课、翻转课堂等教学模式，增强学生的参与感、在场感，提高心理健康教育课程的吸引力和感染力，使学生在普及心理知识、提升心理健康意识的同时，促进心理品质的优化。三要加强师资队伍建设。自 2011 年以来，各高校严格落实文件要求，积极开设大学生心理健康教育课程，但很多高校将这门课安排给辅导员上，很多辅导员由于缺乏相关专业的学习背景和培训经历，难以收到应有的效果。但是，辅导员上大学生心理健康教育课程具有天然优势，他们与大学生联系密切，对大学生的思想行为特点和心理问题更为了解，在授课过程中结合实例讲授心理健康知识和调适方法更有针对性。因此，要在不断加强师资队伍建设，对授课教师进行系统全面的教育培训的同时，也要加强经验交流和教学改革，鼓励授课教师将知识传授与案例分析、心理体验、行为训练等融为一体，使大学生心理健康教育课程切实发挥应有的普及性教育的作用。

二、以实践活动体系建设为重点

实践活动是普及心理健康教育的“第二课堂”，是课堂教学活动的有益补充，以其活动形式的多样性、活动内容的趣味性、活动过程的互动性等特点更能迎合大学生的喜好，也更能吸引大学生的广泛参与，使大学生在参与式体验中接受教育。人的心理和思想的形成发展过程是他授的、他控的教育与自授的、自控的自我教育的统一，其中，他授的、他控的教育是促进个体发展的外部条件，自授的、自控的自我教育才是个体发展的根本动力。要努力构建集宣传教育活动、社会实践活动、素质拓展活动等为一体的实践活动体系，将教育与自我教育有机结合，实现心理健康的自助与互助。

（一）加强心理社团建设

大学生心理社团是高校学生自发组织形成的学生社团，其宗旨主要是通过学生自发组织开展社团活动，宣传心理健康知识，提升学生心理素质。大学生心理社团建设始于20世纪90年代，最早的心理社团是部分高校学生自发建立的“心理健康协会”“素质拓展中心”等社团，后来随着高校心理健康教育的不断规范发展，大学生心理社团建设作为对学生进行心理健康教育的有效途径也被纳入进来，并得到了快速发展，许多高校都建立了心理社团，学生参与度也非常高。心理社团在对学生开展心理健康教育方面具有天然的优势，更能吸引学生积极参与社团活动，有利于发挥大学生朋辈互助作用。因此，要积极探索以心理社团为主体的学生组织的自我教育功能，依托心理社团建设充分调动学生参与心理健康教育活动的积极性和主动性，通过举办心理健康月、心理健康周、“5・25”大学生心理健康节等主题教育活动，在学生中开展丰富多彩的、满足学生心理发展需求的、以优化学生心理品格为目的的社会实践活动、素质拓展活动、文体娱乐活动等，如心理情景剧、心理漫画、心理健康知识手抄报、心理健康教育公益广告等比赛活动，寓教于乐，不断增强心理健康教育的吸引力和感染力，传播自尊自信、乐观向上的现代文明理念和心理健康意识。

（二）与校园文化活动相结合

高校校园文化活动是校园文化的有效载体之一，因其具有的思想性、实践性、趣味性等特点在育人化人中发挥着重要作用，根据活动内容和目的的不同，可以分为思想教育类、学术科技类、文体艺术类、社会实践类等类型。心理健康教育实践活动本身就是校园文化活动的有机组成部分，要将心理健康教育有机融入各种类型的校园文化活动之中。一要营造良好的心理健康教育氛围。积极探索线上线下相结合的心理健康教育的宣传教育形式，利用“两微一端”等宣传途径多渠道宣传心理健康知识、倡导健康生活方式、提高心理保健能力，实现教育宣传的全时段、全覆盖。二要不断创新活动形式，以适应学生特点的、迎合学生兴趣的活动内容激发学生的参与热情，以学生喜闻乐见的活动形式来吸引更广泛学生参与，使学生在参加活动的过程中实现增长心理健康知识，提升心理调适能力，促进学生自我教育、自我成长。三要将心理健康教育实践活动同学生的日常教育管理相结合，通过开展素质拓展、志愿服务、创新创业等校园文化活动，促进学生人际交往能力、团队合作精神、坚强意志品格等的形成和提升，在优化学生心理品质的同时也促进学生综合素质的提升。

三、加强网络心理健康教育

“00后”大学生已成为在校大学生的主体，他们是伴随互联网发展成长起来的“网生一代”，网络已成为他们全新的生存方式，融入学习、生活的方方面面。学生在哪里，我们的教育就要做到哪里。要主动占领网络新阵地做好心理健康教育，积极探索网络心理健康教育新模式，形成线上线下融合发展的心理健康教育新格局。

（一）主动占领网络心理健康教育新阵地

网络已成为“00后”大学生的一种全新生存方式，这种全新的生活方式不仅给大学生的学习和生活带来了便利，也促使他们的思维方式、学习方式、生活方式等发生了巨大变化，只有适应大学生的特点开展心理健康教育才能取得良好效果。同时，网络生存环境也给大学生带来了情绪情感上的问题，使大学生产生诸如交际障碍、网络成瘾等新的心理问题。要全面了解信息化时代大学生的现实需要和心理需求，主动占领网络心理健康教育新阵地，适应信息化时代大学生的思想行为特点，积极探索网络时代大学生心理健康教育新模式，有效应对网络环境下大学生出现的心理问题。《高等学校学生心理健康教育指导纲要》（2018）为新时代网络心理健康教育的发展指明了方向，明确指出，要“主动占领网络心理健康教育新阵地，建设好融思想性、知识性、趣味性、服务性于一体的心理健康教育网站、网页和新媒体平台，广泛运用门户网站、微信、微博、手机客户端等媒介，宣传心理健康知识，倡导健康生活方式，提高心理保健能力”①。各高校要积极响应号召，持续强化网络心理健康教育阵地建设，要充分利用网站、“两微一端”等平台，精心设计宣传内容，突出不同层次、不同

① 中共教育部党组：《高等学校学生心理健康教育指导纲要》，中华人民共和国教育部网站，2018年7月13日。

年级、不同专业学生的心理需求，通过网络心理测试、网络心理咨询、网络心理健康教育课程等多种形式，不断扩大心理健康知识宣传覆盖面，引导学生及时宣泄不良情绪，不断提升心理调适能力，培养学生健全人格。

（二）积极探索网络心理健康教育模式

信息化时代的到来，不只是给大学生的生存状态带来了变化，也为心理健康教育的发展带来了机遇。一方面，现代信息技术的发展为高校心理育人提供了全新的发展空间。现代信息技术的高速发展促进了心理健康教育教学改革，使课程内容能够生动的、立体化呈现，教学手段更加多样化，增加了心理健康教育课程的趣味性和吸引力。同时，通过网络、“两微一端”等平台开展心理健康知识宣传、心理问题筛查、网上心理咨询等，可以突破传统心理健康教育的时空局限性，使大学生心理健康教育与大学生的学习生活更加无缝对接，形成全环境、无死角的宣传教育体系。另一方面，人工智能时代的到来，不仅给心理育人带来了先进的技术手段，而且也提供了一种全新的思维方式。尤其是利用大数据技术，通过相关因素分析不仅可以科学分析和全面掌握大学生心理发展的特点和规律，分析心理问题产生的相关因素与发展规律，还能有效监控大学生的日常思想行为是否存在异常，使心理危机预防和干预更有效。因此，要充分抓住网络发展给大学生心理健康教育带来的机遇，将现代信息技术有效融入大学生心理健康教育的宣传教育、心理咨询、危机干预等工作中，积极探索网络心理健康教育的新模式，更好促进大学生心理健康教育的发展。

（三）形成线上线下融合发展的心理健康教育新格局

网络心理健康教育改变了传统心理健康教育的理念，更加凸显主体发展性和互动对话性，使教育主体出现了“非主体化”趋势，教育者与受教育者之间传统的“教”与“被教”关系弱化，二者之间更多的是一种平等对话关系，从而使心理健康教育更具亲和力。但是，教育者“教”的作用的弱化导致教育者的权威地位受到挑战，容易使辨别能力差的大学生在海量化、复杂化的网络信息中迷失自我，尤其是在面对一些伪科学的心理健康知识与心理测评时，特别容易被误导。心理健康教育专业性极强，无论是知识传授还是心理测试、心理咨询辅导，都必须坚持科学的理论和规范的程序，这些都必须在专业人员的引导和指导下才能实现。因此，加强网络心理健康教育的同时，也要进一步强化传统心理健康教育，将线上线下心理健康教育有机融合，把线下的心理健康教育课程、活动等利用网络与学生进行充分互动，将线上心理健康教育的一些问题放在线下讨论与解决，让线上线下心理健康教育相互支撑，互为补充，形成线上线下融合发展的心理健康教育新格局。

第二节　构建心理危机预警干预机制

心理学的研究发现，原生家庭及童年期的成长环境对个体心理发展的影响尤为显著，大多数心理问题的发生都与原生家庭或者童年期的经历有关。心理育人虽然是以促进全体学生心理品质优化为目的的教育实践活动，但每个个体的成长环境和教育条件的差异性造就了个体心理发展水平的不均衡性，这就要求我们在实行普及性教育的同时，也应该关注个体心理水平的差异性，尤其是关注心理健康教育的重点人群和特殊群体。因此，要在开展普及性心理健康教育的基础上，利用心理测评工具和专业化的手段对个体的心理健康状况和心理问题进行评估和有效甄别，形成全面普查、重点筛查、个体辅导、有效干预等为一体的心理预警防控机制。

一、完善大学生心理测评机制

开展心理测评是掌握学生心理健康状况的有效手段，科学有效的心理测评机制是保障心理测评结果科学性的重要保障。要科学分析经济社会快速发展、互联网新媒体应用快速推进、个人成长历程、家庭环境等因素对学生心理健康的深刻影响，继续研制适合中国当代社会特点、符合我国大学生心理特点的心理测评工具，大力开发大学生心理健康网络测评系统，不断完善大学生心理健康测评机制，提高心理测评的科学性。

（一）研制富有中国文化特色的本土量表

我国的心理健康教育源自西方，虽然经过几十年的发展，已经探索出了中国特色的大学生心理健康教育模式，但是心理学的理论和方法还主要是沿袭西方。尤其是在心理测评方面，目前国内最常使用的很多心理测评量表也大多不是本土化量表。适合中国文化、具有中国文化特色的本土化量表很少，适用于大学生群体的本土化量表就更少。这个问题引起了有关学者的注意，发出了编制中国本土化心理测评量表的呼声。2001 年，由教育部思政司指导、普通高等学校学生心理健康教育专家指导委员会组织的中国大学生心理健康相关量表编制课题组成立，我国开始研制适用于中国大学生的心理健康测评系统。经过 3 年的努力，研制出《中国大学生心理健康测评系统》，包括 4 个心理健康相关量表和 1 个计算机软件。4 个心理健康相关量表是：中国大学生心理应激量表（CCSPSS）、中国大学生人格量表（CCSPS）、中国大学生适应量表（CCSAS）、中国大学生心理健康量表（CCSMHS）。1 个计算机软件是中国大学生心理健康测评系统软件（CSPA）。这是中国第一套既符合我国社会文化条件、适合中国大学生使用的，又拥有我国自主知识产权的心理测量工具，目前已进入试点应用推广阶段，要在总结基础上实行全面推广应用，提高心理健康素质测评覆盖面和科学性。

（二）开发大学生心理健康网络测评系统

心理测评是运用心理学的理论和心理健康测评工具，对人的人格、能力、心理健康等心理特质和行为进行数量化表述和评估的行为，从而为心理健康教育提供参考。加强对大学生心理健康水平的普查力度，可以使我们更好掌握大学生群体的心理状况，总结当前大学生心理健康的特点和存在的突出问题，以便有针对性开展心理普及教育，同时，通过心理健康普查，还可以利用专业化的测评工具准确筛查出重点关注群体，使我们能够进行个性化的心理干预和预防，提高预防干预的精准性，防止心理危机事件的发生。目前，大部分高校会在新生入学时进行心理健康水平测试，最常用的测评工具包括：症状自评量表（SCL-90）、卡特尔 16 种人格因素量表（16PF）、大学生人格问卷（UPI）和中国大学生心理健康量表（CCSMHS）等。这些测评工具存在很大的局限，大多侧重个体心理问题症状的筛查，对更广泛大学生的发展和适应性问题的评估不足。自2013年以来，教育部思政司委托北京师范大学发展心理研究所和北京航空航天大学心理与行为研究所开展《中国大学生心理健康筛查量表的编制》这一项目研究，目前已基本完成，该量表可以从严重心理危机、一般性心理问题、适应性心理困扰三个不同级别来筛查、评估大学生心理健康状况①，更能反映我国当代社会的时代特征，符合我国大学生的心理特点。应加大对这些本土化大学生心理测评系统研制工作的支持力度，为其提供政策、人力、物力、财力等各方面的保障，促进研制工作的顺利开展，为我国大学生心理健康测评提供更有效的系统。

二、构建大学生心理状态动态监测机制

个体的心理状况随着个体的成长、自我调节和外界影响不断发展变化，对学生心理状况的了解把握也是一个动态的过程。要在对学生开展心理健康状况全面普查的基础上，建立大学生心理状态实时监测分析机制与信息反馈机制，以便实时分析学生群体心理状况变化特征和规律，全面掌控个体心理变化状况，有效甄别学生存在的心理问题，更好做好个体心理辅导咨询服务与危机干预。

（一）健全大学生心理状态动态监测网络

建立大学生心理健康状况动态监测网络，对于实现大学生心理健康教育的精细化具有非常重要的意义。一是可以使心理健康教育教师能够全面、及时地了解大学生的个性特征和思想行为方式，便于制定个性化的教育方案，能够做到因材施教，实现心理健康教育的精准化。二是利用动态监测网络，根据相关数据的科学分析，能够实时监测学生的心理状态和思想行为变化，便于有效甄别学生可能存在的心理问题，有效提升心理问题

① 方晓义、袁晓娇、胡伟、邓林园、蔺秀云：《中国大学生心理健康筛查量表的编制》，《心理与行为研究》2018年第1期。

和心理危机的预防干预效果。三是通过对大学生心理健康状况的实时监测数据的统计与分析，能够为学校相关教育管理部门提供决策依据，以便制定更加切实可行的大学生心理健康教育方案与措施，有利于全面提升学生的心理健康水平，更好促进学生健康成长，维护学校安全稳定。四是对大学生心理健康状况的实时监测也可以为大学生提供一个了解自我心理状况和水平的渠道，提升大学生对心理健康的关注度，增强大学生自我教育能力。因此，要建立健全大学生心理健康动态监测网络，一要完善学校、院系、班级、宿舍等纵向心理健康教育工作网络，形成信息快速反馈机制，利用观察法、重点关注法、定期访谈法等方式对大学生的心理健康状况进行监测和判断。二要健全心理健康动态监测管理办法，规范各级组织的职责和工作范围，提前做好相应预案处置办法。三要加强相关人员的教育培训，提升对大学生心理健康状况的精准识别水平。

（二）探索智能化大学生心理状态动态监测系统建设

健全的大学生心理健康动态监测网络虽然能够及时掌握大学生的心理健康状况，但是需要耗费大量的人力物力，而且对大学生心理健康状况的判断准确度依赖于观察者的心理健康知识和能力水平，科学性和准确度都存在很大的局限性。技术是人类改造世界的工具和手段，将大数据、云计算等现代信息技术有效应用于大学生心理状态的监测和分析之中，积极探索智能化大学生心理状态动态监测系统建设，不仅可以有效避免传统心理检测存在的缺陷，大力提升大学生心理状态监测的准确度，而且还能节约大量的人力物力。一要推进智能化校园建设，要建设大数据信息平台，将学校的教学、管理、服务等工作信息都融入进来，使学生日常的学习、生活等相关信息都能汇集在一起，方便全面搜集和分析学生的整体情况。二要充分利用大数据技术健全学生心理健康档案。在前期对学生进行心理普查和跟踪了解的基础上，通过大数据信息平台收集分析学生日常生活、学习、人际交往等产生的大量数据，全面掌握每一位学生的心理发展状况，进一步完善大学生心理健康档案，为有针对性、个性化的心理健康教育和服务奠定基础。三要利用大数据技术的分析运算能力实时监测学生的心理状态。利用大数据技术，不仅可以全时段、无死角对大学生的思想行为和心理特征进行检测，同时，通过云计算的信息比对，能够有效甄别大学生的异常行为，方便及时发现学生的心理异常，能够有效提升心理预防和干预的及时性和有效性。

（三）做好重要节点重要人群的实时监测

心理状态动态监测要全面覆盖、重点突出，要重点做好重要人群、重要节点的监测。相关研究结果显示，大学生心理问题的发生不仅和外源性刺激事件、校园重要生活事件密切相关，而且和季节更替也有一定的联系。一要做好重点人群的心理监测。家庭发生重大变故、本人遭受重大刺激等外源性刺激事件是诱发心理问题的重要因素，如果遭受刺激后的一段时间内不能调整好情绪状态，非常容易发生心理问题或心理障碍。同时，面临期末考试等重大考试和毕业、就业等与个人发展密切相关的重要事件也容易引发焦虑、恐惧等负面情绪，若负面情绪长期得不到排解，容易引发心理问题，或使原有的心理问题加重。要重点抓好这类人群的心理状况监测，可以采用信息技术手段与人文关怀相结合的方式，对这些学生加强关心关注，做好心理疏导。二是抓好重要节点的心理监测。大学生心理问题的发生和季节也有一定的关系，相比较而言，春季发生心理危机事件的概率要高一些，这是因为春季气温、湿度、气压等的变化可以造成人体内褪黑素的相对缺乏，易使人睡眠减少、情绪不稳、思维迟钝，甚至产生易怒、沮丧、抑郁等负面情绪。根据中医五行学说，春在五行属木，木喜条达；在五脏属肝，肝主疏泄。如果春季少阳之气升发太过，容易引发躁狂，而升发如果不能应时而旺，就会易致郁结。有学者根据中医五行学说对心理疾病的发生与节气的关系进行研究，发现雨水、惊蛰为精神分裂症的高发节气。因此，高校要对学生心理问题与心理危机高发期进行研判，尤其是要做好春、秋季节变化导致的心理疾病多发期和期末考试、毕业就业等对学生有重要影响的特殊时期加强重点人群的实时监测，做好大学生心理危机的排查和预警，努力将心理问题引发的危机消灭在萌芽和初始状态。

三、完善大学生心理咨询服务体系

心理咨询服务是个性化心理健康教育的主要方式。《精神卫生法》明确规定，各级各类学校应当“配备或者聘请心理健康教育教师、辅导人员，并可以设立心理健康辅导室，对学生进行心理健康教育”，但“心理咨询人员不得从事心理治疗或者精神障碍的诊断、治疗”①。高校心理健康教育要在法律规定范围内开展工作，通过搭建工作平台、完善相应制度、健全工作机制、提升师资水平等，促进高校心理健康教育工作科学化、规范化运作。

（一）完善心理咨询服务机制

心理咨询服务是解决学生心理问题的主要途径，是运用心理学的理论和方法帮助学生缓解和解决心理不适和心理障碍的有效方式。要通过健全工作制度、建设服务网络、加强队伍建设等途径，不断完善心理咨询服务机制，为学生提供规范、专业的心理咨询服务。一是要设立心理咨询辅导工作的专门机构，负责组织和协调大学生心理咨询服务工作的开展，这是保障心理咨询服务规范化运行的组织保障。二要加强软硬件设施建设，加大资金投入，设置心理测评室、心理咨询室、团体活动室等专门的咨询服务场所，配备专业心理咨询人员，为心理咨询服务的开展提供物力保障和人力保障。三要进一步完善制度建设，制定心理咨询服务、心理危机干预、心理督导等一系列配套制度，明确心理咨询服务的范围和职责，对于不属于心理咨询服务范围的，按照制度要求做好转介。四要规范心理咨询服务体系，建立提前预约、个体咨询、档案保管、重点反馈等规范流程，在为学生提供咨询服务的同时，也做好个案的跟踪反馈与督导，使咨询与教育相结合，更好促进学生的健康成长。

（二）优化心理咨询服务网络

要依据学生的特点和心理服务需求，不断优化心理咨询服务质量，构

① 《中华人民共和国精神卫生法》，中国人大网，2018 年 6 月 12 日。

建全时段、无死角的心理咨询服务网络。一是扎实做好线下心理咨询服务。要进一步扩充心理咨询服务师资队伍，动员具有资质的教师参与到心理咨询工作中来，鼓励对心理咨询感兴趣的辅导员等通过教育培训和考取资格证等方式提升专业技能，按照咨询教师的特长有针对性安排咨询学生，提升心理咨询的效果。二是积极利用现代信息技术搭建现代化的心理咨询服务网络，将线下心理咨询与电话咨询、网络咨询等多种形式相结合，为有心理援助需求的学生提供全时段、及时有效的咨询服务。三要大力开展团体辅导，努力构建个体咨询与团体辅导相结合心理咨询服务体系，满足学生多样化的心理服务需求。通过个体咨询、团体辅导、电话咨询、网络咨询等多种形式和途径，构建全时段、无死角的心理咨询服务网络和平台，向学生提供经常、及时、有效的心理健康指导与咨询服务。

（三）提升心理咨询专业化水平

心理咨询是专业性的心理健康教育活动，对咨询师的素质和能力有专业要求，只有提升心理咨询人员的专业水平，才能保障心理咨询活动的规范开展。一要建设专兼结合的咨询师队伍。既要招聘具有心理学教育背景和具备心理咨询师资格的教师担任心理咨询师，也要鼓励对心理咨询感兴趣辅导员等学生教育管理人员加入咨询教师队伍，形成专兼结合的咨询师队伍。二要构建心理咨询人员的教育培训、个案交流、心理督导为一体的教育培训体系，积极鼓励愿意从事心理咨询工作的教师攻读心理学相关学位、考取心理咨询师资格证、参加心理咨询类培训等，全面提升心理咨询人员的专业化水平，保证心理咨询服务的专业性。三要定期开展心理咨询个案研讨与心理督导活动。通过个案研讨和心理督导，交流心理咨询经验，探讨个案咨询方案制定，消除咨询师的心理困惑，缓解咨询师的心理压力，既有利于提升咨询师的专业技能，也有利于促进咨询师的个人成长，从而提升其心理咨询的专业水平。

四、完善心理危机预防干预一体化体系

做好心理危机的预防干预是减少心理危机事件发生率的重要方式。要

坚持预防为主的原则，通过前期的心理筛查和动态监测，有效甄别和干预，构建心理危机预防干预一体化体系，减少心理危机事件发生率，保护学生的生命安全，维护学校的安全稳定。

（一）健全心理危机预防干预机制建设

心理危机预防干预和心理筛查、心理状况动态监测、心理咨询服务是紧密联系在一起的，要构建一体化的心理健康教育工作机制。一要完善心理危机干预的制度建设。心理危机干预和学生的生命安全密切相关，要通过健全的制度对危机干预的流程、要求、责任划分等进行详细的规定，使危机干预规范化进行，避免职责不清引起的混乱，影响危机干预的顺利进行。二要健全危机干预机制建设。要把心理健康教育、心理筛查、心理状态动态监测、心理咨询服务与心理危机干预结合起来，构建一体化的预防干预机制，加强教育是基础，做好筛查和监测是前提，做好咨询服务是关键，这些做好了就能有效预防心理危机事件的发生。三要强化危机干预识别与干预能力培训。要加强对以辅导员班主任为主体的学生教育管理人员、以宿管人员为主体的学生后勤服务人员、以心理委员为主体的朋辈心理员等心理健康教育人员的培训，要利用各种途径和方法对他们开展经常性的心理危机预防和干预的专题培训，加强精神卫生知识的学习，提高他们的心理危机识别和干预能力，使得他们能在日常的教育、管理、服务工作中，及时发现问题并做出正确的信息反馈，从而做好心理危机事件的有效干预和应对。

（二）健全心理危机快速反应机制

心理危机干预的最佳时间是危机事件发生后的 24 ~ 72 小时，因此，畅通的信息沟通渠道和快速反应机制是做好心理危机干预的关键。一要构建心理危机干预队伍。要组建一支由学校分管领导、学校教育管理部门负责人、学校心理辅导中心专业工作人员、学院学生教育管理人员等组成的危机干预队伍，在危机事件发生时能第一时间投入干预工作中。二要不断完善心理危机干预工作预案，对重点关注对象做好日常的跟踪服务，注重做好特殊时期、不同季节的心理危机预防与干预工作，可以通过定期开展案例督导和个案研讨活动，集体研讨心理危机干预方案的制定与修改完善，不断提高心理危机预防干预专业水平。三要切实发挥学校、院系、班级、宿舍“四级”预警防控体系的作用，畅通学校各部门与各院系之间的快速反应通道，对存在心理问题或者潜在危机的学生能做到尽早发现、及时干预，对已经发生的心理危机事件要能够第一时间形成干预预案并立即介入，把握最佳干预时机。

（三）完善心理危机转介诊疗机制

高校要进一步健全心理咨询服务、心理危机预防干预和转介诊疗制度，对于不属于心理咨询服务范围的，要及时和家长进行沟通，做好转介。有条件的高校要在校医院设置心理门诊，由专业医师进行精神障碍的诊断和心理治疗。各高校要积极与所在地的医院和精神卫生机构建立联络与协作关系，要在学校的统一领导下，畅通从院系、学校心理健康教育与咨询机构到校医院、精神卫生专业机构的心理危机转介绿色通道。当发生心理危机事件时，除了要做好及时介入与干预，要由大学生心理咨询服务中心或者校医院精神科门诊的专业人员作出预判，及时转介疑似患有严重心理或精神疾病的学生到专业机构接受诊断和治疗。需要注意的是，必须要构建家校畅通机制，要与学生家长取得联系并努力达成共识。

此外，在心理危机预防与干预过程中，所有人员都必须严格遵循职业伦理和保密原则，建立心理健康数据安全保护机制，保护学生隐私，杜绝信息泄露。

第三节　打造专业化师资队伍

队伍建设是加强高校心理健康教育的基础性工作，心理健康教育专业化发展的根本保障。实现“三全”育人要求每位教职员工都必须承担起育人职责，参与到育人工作中来。但高校心理健康教育是专业性强的育人工作，只有依靠专业化程度高的师资队伍才能有效开展。要本着配齐建强的原则，把心理健康教育队伍建设纳入教师队伍整体规划，从机构设置、队伍建设、资源配置上进行统筹管理，为大学生心理健康教育的发展提供坚实的人才保障。①《高等学校学生心理健康教育指导纲要》（2018）提出，“各高校要建设一支以专职教师为骨干、以兼职教师为补充，专兼结合、专业互补、相对稳定、素质良好的心理健康教育师资队伍”②。这是高校学生心理健康教育师资队伍建设的方向。

一、做好整体规划

做好整体规划是保证心理健康教育师资队伍专业化发展的政策保障。要严格落实相关文件和政策要求，将心理健康教育专业化建设纳入学校教师队伍整体规划，通过设置专职教师岗位、改革专业技术职务评聘制度、组织开展师资队伍专业培训等，全面提升师资队伍专业化水平。

（一）设置专职教师岗位

《高等学校学生心理健康教育指导纲要》（2018）规定，各高校要按照“师生比不低于1∶4000”和“每校至少配备2名”的要求来设置心理健康教育专职教师岗。这就要求各高校在编制教师队伍整体规划时，必须要把设置心理健康教师专职教师岗纳入进来，确保心理健康教育工作的开展必须由专门的人来做。同时，心理健康教育具有非常强的专业性，专业性的工作必须要由专业性的人员来做才能切实发挥应有的作用，要严把心理健康教育专职教师岗人员的选聘关，切实做到“心理健康教育专职教师要具有从事大学生心理健康教育的相关学历和专业资质”。专职教师是高校学生心理健康教育科学发展的骨干力量，是带动心理健康教育专业化发展的领头羊，只有保证专职教师的专业性，才能确保心理健康教育的专业化发展。因此，必须要保证心理健康教育专职教师具备从事大学生心理健康教育的相关学历和专业资质，不允许完全不具备心理健康教育相关背景的人

---

① 冯刚：《狠抓落实 扎实推进 深入实施“大学生心理健康素质提升计划”》，《学校党建与思想教育》2015年第4期。

② 中共教育部党组：《高等学校学生心理健康教育指导纲要》，中华人民共和国教育部网站，2018年7月13日。

员来担任专职教师，从而确保大学生心理健康教育开展的科学性和专业性。

（二）改革专业技术职务评聘制度

专业技术职务评聘是高校教师晋升和发展的主要渠道之一，高校心理健康教育专职教师作为高校教师中的一员，应该享有通畅的专业技术职务晋升渠道。各高校要致力于构建大学生心理健康教育专职教师长效发展机制，不仅在岗位选聘的时候要严格审查相关学历背景和专业资质，确保心理健康教育由专业人员指导开展，而且要进一步改革专业技术职务评聘制度，为心理健康教育专职教师的晋升提供制度保障，要切实保障大学生心理健康教育专职教师队伍的稳定和健康发展。原则上，应将心理健康教育专职教师的专业技术职务评聘纳入高校思想政治工作队伍序列，他们和辅导员、政工干部等人员具有相同的职称评聘资格。对于师范类院校，或者是设有教育学、心理学、医学等教学研究机构的综合性大学，也可将心理健康教育专职教师的专业技术职务评聘同时纳入相应专业序列。为了保证心理健康教育师资队伍的稳定有序发展，在同等条件下也可适当在职称评定中对心理健康教育专职教师有所倾斜，以制度优势、发展优势吸引更多专业人员加入到心理健康教育工作中来。

二、整合校内外资源

构建专职教师为骨干、以兼职教师为补充的专兼结合、全员参与的心理健康教育工作人才队伍，需要有效整合校内外资源，形成合力促进高校心理健康教育科学发展的良好局面。

（一）整合校内优势资源

在心理健康教育科学发展过程中，师资队伍的专业化建设是重要推动力量。正是由于大批心理学相关专业人员加入心理健康教育队伍，成为心理健康教育的骨干力量，才大大提升了心理健康教育的专业化水平，有效提升了心理健康教育的质量。因此，大学生心理健康教育人才队伍的培养，首先要整合校内优势资源，扩大骨干力量。设有心理学、医学等教学研究机构的高校，要充分发挥专业优势，积极鼓励心理学、医学的专业教师加入心理健康教育工作队伍，整合优势力量形成心理健康教育师资的骨干队伍。没设心理学、医学等专业的高校，除了按比例配备心理健康教育专职教师以外，要切实发挥辅导员队伍在心理健康教育中的中坚力量作用，积极鼓励辅导员攻读心理健康教育方面的学位、考取专业资格证书、参与心理教育与咨询相关培训，为心理健康教育专业化发展培养一批后备力量，使他们尽快发展为骨干力量。

（二）大力推动全员育人

大力促进心理育人，要努力构建以专职教师为骨干、以兼职教师为补充的专兼结合、全员参与的心理健康教育工作人才队伍。一要树立全员育人理念，将大学生心理健康教育融入教学、科研、管理、服务等各个环节，将心理健康教育贯穿大学生活始终。要创设条件，积极鼓励辅导员、班主任、专业导师、后勤工作人员等加入到心理健康教育之中，努力构建全覆盖、无死角的全方位的心理健康教育工作网络，营造全员参与、全员育人的良好氛围。二要注重心理健康教育专业教师的人才梯队建设，完善人才选拔、聘用、培养、考察、使用机制，构建心理健康教育师资队伍建设长效机制。既要注重专职人员的选聘和培养，发挥骨干力量的带头作用，也要注重后备力量的选拔与培养，发挥中坚力量的强大作用，更要注重其他兼职人员的培养，提升师资队伍整体水平。三要积极探索多层次、多渠道的心理健康教育师资培训机制。在高校学生心理健康教育中，专职心理健康教育人员是少数，辅导员、班主任、专业导师、后勤工作人员等和学生接触密切的教职工群体在心理健康教育中具有特有的优势地位和作用，是对学生开展心理健康教育的主要力量。根据辅导员、班主任、专业导师、后勤工作人员等工作性质与工作内容，有针对性地开展心理健康教育培训，使他们的工作更有针对性。

（三）深入挖掘校外资源

整合校内资源，发挥全员育人作用，是做好大学生心理健康教育的重要保障。但是，还要在整合校内资源的基础上，深入挖掘校外资源，积极吸引校外医疗卫生机构的加入，形成校内外资源整合合力。一要加强和当地医疗卫生机构的长期合作。对于那些没有心理学、医学等相关专业的高校，心理健康教育的专业师资相对比较薄弱，除了大力引进心理健康教育专业师资，还要加强和校外相关医疗卫生机构的合作，聘请校外医疗卫生机构的心理咨询师和精神科医生到校开展专题讲座、心理咨询等，有效弥补心理健康教育专业师资力量的不足。二要联合当地医疗卫生机构构建心理危机干预转介一体化体系。《精神卫生法》规定了高校心理健康教育和心理咨询的工作范围，对于不属于这个工作范围的心理问题，必须要由专业的医疗机构来负责治疗，这就要求必须要有一个畅通的渠道，构建完善的心理危机干预体制，及时有效做好严重心理问题和精神障碍学生的诊断和转介。三要加强家校联络平台建设。在学生心理健康教育过程中，争取家长的积极配合是提高心理健康教育效果的重要保障之一。要加强与家长之间的沟通与联系，及时将学生在校期间的思想行为与心理状况与家长进行定期沟通，也要了解学生在家里的表现，和家长在促进学生健康发展方面达成共识，使家长在学生心理健康教育中发挥应有的作用。

三、完善教育培训体系

高素质、专业化的人才队伍是推动大学生心理健康教育科学发展必不可少的条件，加强教育培训是全面提升心理健康教育师资队伍专业化水平的有效途径。要进一步完善教育培训体系，将心理健康教育培训纳入学校教师培训计划，分层次、分类别对心理健康教育相关人员开展有针对性的教育培训，全面提升心理健康教育工作队伍的专业化水平。

（一）培养好骨干力量

培养一支具有心理学教育背景、具备心理咨询相关资质的心理健康教育骨干力量是做好大学生心理健康教育的重要人力保障。要将引进专业人才与培养现有人才有机结合起来，形成培养骨干力量的长效机制。一要按照教育部文件要求设置心理健康教育专职教师岗位，聘用具有心理学专业背景、具备心理咨询师资格、具有心理健康教育相关工作经验的人员担任心理健康教育专职教师，确保心理健康教育的专业性。二要制定系统化的培养培训方案，依托教育部高校辅导员培训和研修基地、全国高校心理健康教育示范中心、各省市开展的各类心理健康教育培训等，加强对专职教师的培养，做到“保证心理健康教育专职教师每年接受不低于 40 学时的专业培训，或参加至少 2 次省级以上主管部门及二级以上心理学专业学术团体召开的学术会议”，全面提升心理健康教育专职教师的专业化水平，使他们尽快成长为心理健康教育方面的专家，更好发挥专职教师的骨干带头作用。三要逐步壮大心理健康教育骨干力量队伍，积极鼓励从事大学生心理健康教育的辅导员等相关人员去攻读心理学专业学位或者考取心理咨询等相关资格证书，通过继续学习来提升自身的专业水平，为心理健康教育骨干力量培育强大的后备力量。

（二）促进辅导员队伍职业化发展

每个高校配备 2 名专业的心理健康教育专职教师远远不能满足高校心理健康教育的专业化发展需要，做好高校心理健康教育还需要辅导员等学生教育、管理人员的积极参与与大力配合。辅导员是大学生心理健康教育师资队伍建设非常重要的群体，他们是心理健康教育师资队伍最主要的师资力量。《普通高等学校辅导员队伍建设规定》（2017）指出，“心理健康教育与咨询工作”和“校园危机事件应对”是高校辅导员的两大主要职责。促进辅导员队伍的职业化发展是加强心理健康教育师资队伍专业化发展的重要途径。一要将心理健康教育培训纳入辅导员日常教育培训体系，并作为一项重要的教育培训内容固定下来，使辅导员能够系统掌握心理健康教育基础知识，具备必要的心理问题识别能力、心理危机处置能力等，积极探索高校思想政治工作与心理健康教育有机融合的实施路径。二要积极鼓励对心理健康教育感兴趣的辅导员攻读心理学专业的学位，或者考取心理健康教育相关资格证，逐渐建立一支心理辅导员队伍，把他们培养成为心理健康教育骨干力量的强大后备力量，壮大心理健康教育骨干队伍，深入促进高校辅导员队伍专业化、职业化发展。三要开展经常性的心理健康教育个案研讨和工作交流，在个案研讨中进一步完善教育方案，在工作经验交流中提升专业技能和工作能力。

（三）做好兼职人员的分层分类培训

专职教师是高校心理健康教育的骨干力量，辅导员是高校心理健康教育的中坚力量，是心理健康教育骨干力量的有益补充，班主任、专业导师、任课教师、后勤服务人员等和学生接触密切的教师和教育管理服务人员也是高校心理健康教育师资力量的重要组成部分。加强高校学生心理健康教育、促进心理健康教育的科学有序发展，必须形成全员参与、全员育人的良好氛围，构建分层次、分类别的体系化、规范化的教育培训体系，全面提升兼职人员的专业化水平。只有全面提升兼职人员的专业化水平，才能更好促进心理育人质量提升。对于专业导师、任课教师，可以将心理健康教育内容纳入新进教师岗前培训课程体系，注重教师队伍整体心理健康水平的提升，也可以组织开展心理健康教育方面的系列讲座，着力构建和谐、良好的师生关系，强化大学生心理健康教育的全员参与意识。对于班主任，要重点结合班级管理开展心理工作案例的研讨、心理问题的识别与心理危机干预专题培训等活动，提升班主任工作水平。对于后勤服务人员，注重提升他们的心理健康教育意识，培养心理问题的识别与心理危机干预能力，提升管理服务水平。

四、发挥朋辈群体力量

朋辈群体是大学生成长成才的重要他人，他们年龄相仿，又具有类似的生活和学习背景，在一起交流交往基本没有障碍，基于朋辈之间相似的心理特点和思维方式，利用优秀朋辈大学生群体开展心理健康教育，不仅能够拉近同学间的距离，使大学生更容易感受到被理解和支持，更有利于打开心扉，能较好地将心理健康教育在大学生心目中固有的距离感转化为大学生群体追求积极向上和完善人格的内在诉求。同时，发挥朋辈群体在大学生心理健康教育中的作用，更有利于实现大学生心理健康教育的互帮互助和大学生的自助。

（一）构建朋辈教育工作体系

要发挥朋辈群体在大学生心理健康教育中的作用，首先必须要构建高校运行的朋辈教育工作体系。一是各级各类高校要将朋辈教育纳入高校思想政治工作和学生心理健康教育之中，由专门的部门进行工作统筹，负责制定本校朋辈教育的方案与工作计划，做好朋辈教育顶层设计。二是要健全朋辈教育制度。制度是朋辈教育有效落实的重要保障，要从学生心理健康教育朋辈教育工作的内容、方法、工作原则、职责范围等到朋辈教育者的选拔、培养、使用、考核等方面制定完备的规章制度，确保朋辈教育能够朝着健康、有序、规范的方向发展，发挥其在大学生心理健康教育中的独特作用。三是校团委、学工部等学生教育管理部门要负责朋辈教育的具体实施，要从组建队伍、搭建平台、健全制度、开展活动等方面督促指导监督朋辈教育的落实。四是各学院要切实做好朋辈教育的落实，要充分发挥学生干部、学生党员、心理委员、心理志愿者等朋辈群体的力量，积极引导他们加入大学生心理健康教育之中。

（二）完善朋辈教育队伍建设

优秀的朋辈教育者队伍是高校心理健康教育师资队伍的有益补充，是推动高校学生心理健康教育发展不可或缺的重要力量。一要构建多元化朋辈教育队伍。朋辈教育者的主体是大学生，既要在校内选拔优秀大学生作为朋辈教育者，也要挖掘校友等校外资源，构建多元化的朋辈教育队伍。二要做好朋辈教育队伍的选拔。朋辈教育者素质的好坏、能力的高低直接决定着朋辈教育的质量和效果。首先，要把好入口关。朋辈教育者的选拔除了要注重其在心理健康教育方面的知识和能力之外，必须要有坚定的政治立场和正确的价值观，并具备责任心强、心理素质良好、人格健全、语言表达能力较好等优秀品质。三要加强对朋辈教育者的教育与培养。通过短期化、系统性的教育培训，有针对性地对朋辈教育者进行培训，全面提升朋辈教育者的能力和素质，尤其是注重在心理问题的识别、心理危机的表现、心理危机的干预等方面的专业技能的提升，切实发挥朋辈教育者在大学生心理健康教育中的作用。

（三）搭建朋辈教育平台

朋辈教育平台是朋辈教育开展的有效载体，承载着传递信息、上传下达等作用。要依据学生学习、生活、交往的活动开展的便利性搭建朋辈教育平台，积极拓展朋辈教育的空间，增强教育效果。一要搭建班级朋辈教育平台。班级是高校最基层的学生组织，是学生学习、生活的主要社区，要加强班级文化建设，充分发挥班长、团支书、心理委员等主要班委和学生党员等优秀学生的朋辈示范作用，通过班集体活动、团支部活动、班级帮扶小组等形式创设朋辈教育的良好环境，开展朋辈教育活动。二要搭建生活园区朋辈教育平台。宿舍等生活园区是学生最主要的生活场所，也是学生思想行为得到最真实展现的地方，尤其是随着学分制的推行，其在育人过程中的作用和功能越来越重要。要充分发挥宿舍长、楼长等生活园区学生干部的作用，以朋辈自我管理、自我服务的方式推进心理健康教育进楼栋、进宿舍，通过创设良好的宿舍文化打造舒心的生活环境，通过生活园区党支部、团支部等建设，及时了解和掌握学生的心理状况，创造和谐的朋辈互助氛围。三要搭建朋辈教育网络平台。网络是大学生新的生存空间，要善于利用信息化技术新载体对大学生开展心理健康教育，在大学生活跃度比较高的 QQ 空间、微博、抖音、贴吧等网络平台中创新朋辈教育的方式，通过话题讨论、网红直播室、在线咨询等形式，依靠大学生朋辈的力量传播心理健康知识和信息，了解大学生的心理状况，及时解决大学生的心理困惑和心理问题。

第四节　搭建资源共建共享平台

平台建设是有效开展心理健康教育工作的重要保障，尤其是在当前网络信息技术快速发展的背景下，充分利用网络技术手段构筑资源共建共享平台，不仅可以实现信息沟通、资源共享，而且可以扩大资源有效利用率，提升心理健康教育工作的效率，实现心理育人质量的提升。

一、搭建学术研究平台

加强学术研究是促进高校心理健康教育科学发展的重要推动力量。只有不断加强对高校心理健康教育所处的时代环境、所面临的机遇与挑战、教育对象的特点等问题的科学研究，不断推动大学生心理健康教育的理论创新，才能用最新的理论成果来指导实践，促进高校心理健康教育的科学发展。

（一）强化高校心理健康教育专家指导委员会的指导作用

高校心理健康教育专家指导委员会是负责推动高校学生心理健康教育工作进行研究、咨询、评价和指导的专业组织，自 2005 年 6 月成立以来，对高校学生心理健康教育的科学发展起到了咨询与指导作用。高校心理健康教育专家指导委员会一经成立，一大批长期从事心理学和心理健康教育教学、咨询和研究的高校教师、部分从事高校教育管理工作的党政部门负责同志等便加入进来，这些心理健康教育领域的专家学者在理论研究、制度设计、方法创新等方面给予大学生心理健康教育以科学指导和专业解惑，在大学生心理健康教育实践中传递最新最有效的成功教育方法和经验，使大学生心理健康教育发展日益规范，逐步走向专业化、科学化。要继续发挥高校心理健康教育专家指导委员会的咨询和指导作用，组织相关专家、学者和实践工作人员加入，要紧紧围绕服务国家战略确定高校心理健康教育发展方向和发展模式，指导各高校结合自身优势和特色确定主攻方向，要为高校探索科学化心理健康教育发展道路出思想、谋战略、提对策，并加强对心理健康教育发展的动态监测、效果评估和信息反馈，为教育部门科学决策提供高质量的咨询服务和智力支持。

（二）大力支持开展心理健康教育的理论研究

开展心理健康教育理论研究能推动大学生心理健康教育的理论创新。教育行政部门和各高校要加大对心理健康教育理论研究的支持力度，在政策、资金、人员保障等各个方面为心理健康教育科学研究的开展提供保障条件。一要加强顶层设计，出台支持开展心理健康教育的理论研究的相应制度，制定奖励措施，开展各类优秀研究成果的评选活动，吸引和鼓励更多的专家学者和教育工作者加入到理论研究工作中来，更好推动理论创新。二要组建专家团队，对高校心理健康教育科学发展的重大理论问题和实践问题进行集中攻关，紧紧围绕高校心理健康教育发展的全局性、综合性、战略性、长期性问题开展深入研究，为心理健康教育的发展提供战略支持，有效预测心理健康教育的未来发展方向，并就未来可能出现的问题进行超前研究，引领心理健康教育的发展方向。三要设置高校心理健康教育专题研究项目，依托教育部人文社会科学研究高校思想政治工作专项、辅导员工作精品项目等各级科研项目建设，为高校思想政治工作者和心理健康教育工作者开展大学生心理健康教育的理论研究和实践研究创造条件，积极探索心理健康教育发展新的生长路径和生长点，多推出一些高质量、有价值的理论研究成果。

（三）大力总结表彰高校心理健康教育优秀实践成果

理论研究和实践总结在心理健康教育科学研究中具有同等重要的地位。理论研究的最新成果能够指导大学生心理健康教育实践的科学发展，对实践经验的总结推广可以更好地推动心理健康教育工作的开展，从而促进理论创新。一要积极鼓励对大学生心理健康教育工作进行实践经验总结。要高度重视心理健康教育的实践研究，通过开展心理健康教育工作案例征集、心理健康教育实践成果评选等活动，积极鼓励心理健康教育工作者对工作经验、好的做法等进行总结凝练，在总结凝练中提升专业化水平。要对心理健康教育的个案进行整理，定期集结成册并进行发行，使广大心理健康教育工作者在案例学习和分析中提升心理健康教育专业技能，也激励更多的心理健康教育工作者更加积极总结工作经验，促进心理健康教育科学研究工作的开展。二要大力宣传和表彰有特色的心理健康教育工作模式。要积极鼓励各高校结合实际探索适合本校特点的心理健康教育模式，通过宣传和表彰活动把一些好的做法和模式进行推广，发挥示范引领作用，推动先进经验和模式的传播和推广。

二、构建经验交流平台

在加强理论研究的同时，还要注重搭建心理健康教育经验交流平台，使心理健康教育的先进经验和典型做法在更大范围内得到传播和推广。

（一）搭建全国信息化交流平台

现代信息技术的快速发展打破了传统信息交流的时空限制，为高校心理健康教育提供了更广泛、更快捷的宣传推广渠道。要利用现代信息技术，依托中国高等教育学会大学生心理健康教育工作研究分会，搭建集专题网站、论坛、App 等为一体的官方信息交流平台，为大学生心理健康教育的经验交流提供平台保障。一要加强平台建设，结合信息化发展趋势，及时畅通信息交流渠道，将各高校总结的心理健康教育优秀实践成果和先进经验进行充分展示，供其他高校学习借鉴。二要通过信息化平台，定期组织开展全国高校心理健康教育优秀实践成果交流论坛，通过专题培训与交流、课题研究与讨论、案例征集与分享等活动，进行更深层次的经验交流。三要利用信息化平台，及时将各高校心理健康教育的先进经验和典型案例集结成册，更好地促进先进经验的交流与推广，服务和推动高校心理健康教育实践发展。

（二）搭建多样化经验交流平台

除了要利用现代信息技术搭建信息化经验交流平台，还要根据不同地区、不同类型高校的特点和实际，努力搭建更多交流成果、分享经验、推动发展的线下交流平台，更好地促进心理健康教育实践研究成果的推广。一要搭建同地区高校心理健康教育经验交流平台。同一地区的不同高校可以结成心理健康教育同盟，定期开展学校之间的经验交流和案例分享，还可以成立大学生心理健康教育危机处置同盟，集中优势力量做好心理危机的干预。二要搭建同类型高校心理健康教育经验交流平台。同一类型的高校在学校的教育管理等各个方面具有很多相类似的特征，在心理健康教育方面的工作经验和实践成果也更具有借鉴性。要积极搭建同类型学校心理健康教育经验交流平台，通过举办经验交流会、学习分享会等方式，增进高校心理健康教育工作者之间的联系和沟通。三要搭建跨区域、多层次的心理健康教育经验交流平台。要通过各种途径建设更多层次的经验交流平台，通过跨区域、多样化的交流平台建设，可以更好地促进经验交流与推广，进一步提升大学生心理健康教育工作的科学化发展水平。

（三）构建实践研究常态化机制

对高校心理健康教育的实践研究是一个长期的过程，需要心理健康教育工作者不断在工作中总结经验、提炼升华。要构建高校心理健康教育实践问题跟踪调查研究的常态化机制。一要加强制度保障。对高校心理健康教育实践研究在人力、物力、财力等方面给予政策性资助，将心理健康教育实践研究的案例、项目、著作等成果纳入科学研究成果的范围，在职称评定中计入评审条件。二是要努力营造心理健康教育理论工作者参与实践、关注实践、研究实践的良好氛围。通过定期开展经验交流、案例分析等活动，积极引导广大心理健康教育工作者结合工作实践开展理论研究，积极总结先进经验，撰写工作案例，在经验总结中提升理论水平，促进理论与实践的结合。三是要做好成果转化。要在经验总结基础上加强宣传和推广，促使理论研究和实践研究成果的转化，用最新的理论研究和实践研究成果来推动心理健康教育的科学发展，在实践中检验成果、发展成果，形成科学研究与工作实践之间的良性互动。

三、搭建咨询和危机干预网络平台

心理咨询服务是解决心理问题的重要途径之一，心理危机干预是有效防止心理危机事件发生的重要方式，二者都是个性化心理健康教育的主要方式，也是做好心理健康教育的关键环节。心理咨询服务和心理危机干预都强调针对性、有效性，要利用现代信息技术搭建全国心理咨询和心理危机干预网络平台，对有需要帮助的学生提供24 小时在线服务，也为心理咨询和心理危机干预提供学习交流平台。

（一）建设心理咨询和危机干预网络平台

信息化技术的发展打破了传统心理健康教育的时空限制，拓展了心理咨询服务和心理危机干预的发展空间，将信息技术应用于心理健康教育，可以有效提升心理咨询服务和心理危机干预的针对性和有效性。一要开通更多网络心理援助 24 小时电话。心理援助能带给受助者一些温暖和爱，能转化为支持受助者走出困境的强大力量。要开通全国、各省市和地区、各高校等各个层面的24小时心理援助热线电话，为有心理救助需求的学生提供心理援助。二要大力开展网络心理咨询服务。网络心理咨询能够为那些有心理困扰或心理障碍又不愿意接受面询的学生提供帮助，能使学生放下戒心，缩小咨询师与来访者之间的时空距离。要结合实际积极开展网络心理咨询服务，为学生提供全方位的心理咨询服务。三是建设好专门的心理健康教育网络平台。要通过专题网站、论坛、App、微信公众号等各种途径，建设官方心理健康教育宣传教育的网络平台，不断更新发布心理健康教育相关知识和心理调适方法，发布心理障碍的识别、自测与寻求帮助的途径，为学生的自我教育、自我调节提供获取科学信息的途径。

（二）培育心理健康教育“网红”

自媒体的迅猛发展催生了诸多“网红”，虽然社会上对“网红”现象褒贬不一，但是“网红”群体在大学生中的影响力是非常大的，可以利用“网红文化”对大学生开展心理健康教育，开展心理危机干预。一要注重培育心理健康教育“网红”专家。可以邀请在全国有影响力的心理咨询和心理危机干预的知名专家进行网上直播和答疑，传播科学的心理健康教育知识，扩大心理健康教育的社会影响力，从而吸引更多的教育工作者、社会工作者和大学生群体来关心关注大学生心理健康问题。二要充分挖掘大学生“网红”开展心理健康教育。目前，还有部分大学生对心理咨询存在很大顾虑，有心理问题和困惑的时候也不想通过有效途径去缓解和解决，为心理咨询和危机干预造成了很大障碍和难题，因此，要深入挖掘在大学生中具有影响力的“网红”群体来宣传心理咨询和心理危机干预知识，或者积极培育大学生心理健康教育朋辈辅导员成为心理健康教育“网红”，通过他们的宣传，积极引导大学生群体关心关注心理健康，掌握基本的心理调适方法。但是，一定要有效把控通过炒作来扩大影响力的心理健康教育“网红”，避免他们传播不科学的心理知识和方法来误导学生。

（三）成立分地区的心理危机干预互助联盟

心理危机的预防和干预是和心理咨询服务相配套的个性化的心理健康教育方式，主要是应对有严重心理问题和心理障碍的学生，专业性程度非常高，需要更多具有危机干预专业技能和实践经验的人员加入进来。因此，除了构建学校、学院、班级、宿舍四级心理健康教育工作网络来应对心理危机事件，还要进一步整合校内外优势资源成立分地区的心理危机干预互助联盟，组成由精神科医生、心理咨询师、学生教育管理人员等组成的专业心理危机干预团队，协助处理所在地区的高校心理危机事件的干预等工作，强化对心理危机学生康复前后的跟踪调查，组织力量深入分析大学生心理危机案例，提高危机预防和干预工作的针对性和实效性。

四、搭建家校沟通联络平台

做好大学生心理健康教育，除了社会、学校要营造良好氛围，家庭也是不容忽视的力量。家庭环境是个体成长的第一环境，父母是个体成长的重要他人，个体心理问题的产生大多源自原生家庭，个体心理问题的解决也需要家长的积极配合。要积极搭建家校沟通联络平台，加强与家长的沟通，形成家校育人合力，促进学生健康成长。

（一）建立学生信息数据库

各高校要建立学生的信息库，通过高考信息、学生登记表、新生家庭情况统计、新生心理普查等多种途径，了解掌握每一名学生的家庭情况，包括父母职业、父母关系、家庭经济情况等基本信息，也包括是否单亲、孤儿、父母是否有精神类疾病等特殊信息，建立全校学生的信息数据库，制作学生家庭信息档案。同时，利用每年的家庭经济困难学生认定、和学生的谈心谈话等途径了解学生更详细的、最新的家庭信息，要根据对学生了解的深入不断对信息数据库的数据进行实时更新和动态管理，为家校沟通奠定良好的基础。也可以利用寒假暑假等时间到特殊学生家庭进行家访，深入了解特殊家庭的经济状况、亲子关系、父母对待孩子的态度、教育方式等，在进一步完善学生信息数据的同时，也积极探索更有效的个性化家校沟通方式和途径。

（二）建立网络家校沟通平台

利用现代信息技术，可以在学校网站或者微信微博公众号平台开设家长论坛、家长交流空间等专栏，建设学校和家长、家长和家长之间的沟通交流的互动平台。学校通过平台展示学校在学生教育管理方面的做法，介绍大学生成长发展的阶段性特征和常见的心理问题、心理障碍；家长可以通过平台展示内容了解学校的办学理念、学科设置、人才培养等信息，也可以在平台上交流教育经验与心得体会，学习掌握心理健康教育的知识和调节方法等。通过网络平台的交流，可以增进学校与家长的互相了解程度，进一步拉近学校和家长之间的距离，能有效消除家长对高校教育的疑虑，增进家长对学校教育的信心，从而在育人目标上达成共识。家校之间在育人目标上的同心同向，能促进在育人过程中的相互配合、相互补充、相互促进，有利于促进学生的健康成长。

（三）创建班级家长交流群

微信已成为人们之间进行沟通交流的一个主要渠道。高校在新生入学时要建立班级家长微信群，方便辅导员定期与家长进行随时沟通和联系，既可以使家长直接了解孩子在校表现，也方便辅导员班主任及时和家长取得联系，了解学生家庭的详细情况和学生在家表现，增强家校沟通的效果。同时，利用微信群，辅导员班主任可以向家长宣传心理健康知识，传授心理调适技能，提升家长对心理健康知识的了解，引起家长对心理问题的关注与重视。对于存在心理问题的学生，辅导员班主任也能在第一时间与家长取得联系，和家长协商制定帮助缓解和消除学生心理问题的方案，同心协力帮助学生解决心理困扰和心理问题。在心理危机的预防和干预过程中，和家长保持沟通、争取家长的积极配合尤为重要，通过前期微信群中的交流能够增进彼此之间的感情，能有力促进学校与家长在学生心理成长方面达成共识。

第五节　形成示范带动良好效应

自 2004 年《中共中央国务院关于进一步加强和改进大学生思想政治

教育的意见》颁布以来，大学生心理健康教育工作取得了长足发展，但也面临很多新情况新问题，尤其是《精神卫生法》的出台，对高校心理健康教育工作的进一步规范化、法制化提出了更高的要求。同时，全国各地区、各高校之间心理健康教育工作发展还不均衡，尤其是中西部地区和偏远地区，部分高校存在人员数量不足、水平不高等问题。为了促进各地区、各高校心理健康教育工作的均衡发展，教育部思政司自2013年开始实施全国高校心理健康教育示范中心培育建设试点工作，通过培育一批心理健康教育与咨询示范中心，以点带面，引领和推动跨地区、跨高校心理健康教育工作的交流与协同创新，营造以示范点建设为带动、由中心向四周扩展的辐射状的心理健康教育工作发展的良好氛围，积极探索具有地域特色、符合高校实际的别具一格的心理健康教育新模式，全面推进高校心理健康教育工作的规范化、专业化、品牌化、均衡化发展。

一、营造示范带动、辐射四周的良好氛围

自2013年《关于开展全国高校心理健康教育示范中心培育建设试点工作的通知》确定北京大学、清华大学等6所高校心理健康教育中心为首批培育建设试点工作单位以来，教育部又先后确定了第二批、第三批“全国高校心理健康教育与咨询示范中心建设计划”入选高校，武汉大学、兰州大学、东北大学、成都理工大学、北京航空航天大学等21所高校心理健康教育中心陆续成为培育建设示范单位。通过对这27所高校的心理健康教育中心进行重点培育，努力打造国家级心理健康教育示范样本。在国家政策的指引下，各省份也开始深入开展高校心理健康教育工作测评和省级培育建设示范单位建设工作。例如，河南省在2017年印发《普通高等学校心理健康教育示范性单位建设标准》，并评选了河南师范大学、信阳师范学院等12所高校为省高校心理健康教育示范性单位，通过规范化、标准化建设，构建起完整的、系统的全省高校心理健康教育、咨询、干预和研究服务体系，通过以评促改、以评促建，打造省级示范样本。

通过不断总结、探索和培育建设，我国高校心理健康教育与咨询示范中心建设单位数量不断增加，建设水平也得到稳步提升，在人员配置、资

金投入、硬件设施等方面都得到了很大改善。更为重要的是，通过示范中心数量和水平的双提升，已经建成了一大批理论与实践有机结合、工作与成果水平领先、示范与辐射效应显著的高水平心理健康教育示范中心，示范引领、辐射带动作用也不断增强，形成了以示范点建设为带动、由中心向四周扩展的辐射状的心理健康教育工作发展的良好氛围，推动更多高校的心理健康教育中心朝着更加规范科学的方向发展，大幅提升了高校心理健康教育的水平。

二、积极探索心理健康教育新模式

虽然国家制定了高校心理健康教育的各种规范和标准，但是在实际工作中，高校学生心理健康教育的发展并没有统一的模式可以参考，各地区、各高校要结合本地区、本学校的实际情况，积极探索适应本地区、本学校的心理健康教育方法，努力开拓个性化的心理健康教育新模式。一是要转变理念，实现从个体教育咨询服务向全员普及化教育转变，积极探索全员育人的心理健康教育模式。二是要整合资源，实现从单打独斗向地区之间、高校之间、高校与社会之间心理健康教育资源的整合，积极与各类社会服务机构、医疗卫生机构、学术科研机构等的合作，调动一切资源为心理健康教育工作服务。三是要开展调研，实现从问题应对到主动教育预防转变，要根据本校学生的心理健康状况和常见心理问题，通过广泛的调查研究和实证分析，掌握学生心理问题发生发展的规律，把握学生心理问题的新动向、新趋势，不断调整工作重点和内容，努力探索形成别具一格的心理健康教育新模式。如东北大学形成了“教育型预防、问题型干预、发展型咨询”三维心理健康教育模式；华南理工大学形成了“聚焦关系”（relation）“锻造韧性”（resilience）“促进成长”（ripeness）的“3R”积极心理健康教育模式。

三、构建协同发展的心理健康教育长效机制

高校心理健康教育的科学发展不是一蹴而就的，而是一个循序渐进的过程，要通过建设高校心理健康教育与咨询示范中心来形成示范带动、辐

射四周的良好氛围，通过各高校积极探索适合本校心理健康教育发展的新模式，积极整合平台、整合资源，促进协调发展。因此，要以高校心理健康教育与咨询示范中心建设为引领，积极构建协同发展的心理健康教育长效机制。一是要加大政策引导。政府部门及各高校要持续加强对高校心理健康教育与咨询示范中心建设的监督指导，加大资金支持力度，为示范中心建设提供政策支持和资金支持，使示范中心软硬件条件不断优化，为心理健康教育的顺利开展创设良好的条件。同时，还要健全监督考核机制，通过定期评估考核与验收，督促示范中心健康有序发展。二是加大研究力度。要搭建研究交流平台，既要加强以心理学学科为支撑的大学生心理健康教育的理论研究，也要结合实践开展以大学生心理发展特点为基础的实践问题研究，构建理论与实践相结合的学术研究与交流机制，积极探索大学生心理健康教育发展的规律性、前瞻性问题，切实推动大学生心理健康教育的科学发展。三是要整合资源。既要做好校内资源的整合，充分发挥专兼职结合的心理健康教育师资队伍的作用，不断完善机制体制建设，形成全员育人的心理健康教育良好氛围。还要做好校际平台整合，以全国和地方各层级的心理健康协会、学会等组织为依托，积极构建全国示范中心、各省市示范中心等之间的长期、稳定的交流机制，并深入开展交流合作，努力打造协同发展的良好局面。

第五章　高校心理育人的重点群体

高校心理育人的目的是育人，是在“育心”与“育德”相统一的基础上促进学生的全面成长，其主要对象是全体大学生。但是，人的发展是不均衡的，存在明显个体差异性，这就要求高校心理育人必须坚持普遍性与特殊性相结合的原则，在注重面向全体学生开展普及型教育的同时，还要注重面向重点群体做好有针对性的心理健康教育，做到有重点、分层次地推进高校心理育人，切实提升育人质量。

第一节　大一新生

大一新生是大学生中心理困扰高发的一个群体。经过十年寒窗苦读，经历了紧张激烈的高考，终于踏入梦寐以求的大学校门的大学新生，站在了人生新的起点之上，面对生活环境、学习方式等的变化，如果不能尽快适应大学生活，极易产生各种心理困惑与困扰，成为高校心理健康教育的一个重要群体。

一、大一新生常见的心理问题

大一新生常见的心理问题主要是适应障碍。所谓的适应障碍，指的是在生长环境、生活方式等发生明显改变时，个体所产生的短期的、较为轻度的情绪和行为的失调、失控。一般而言，家庭发生重大变故、生活地发生改变等典型生活事件会引发适应障碍。适应障碍有不同程度之分，和生活事件的严重程度、个体的心理素质、心理应对方式、社会支持力量等因素相关。经个体自我调节能够很快恢复正常的平衡状态的，是轻度的适应障碍；如果经个体自我调节不能很快恢复正常平衡状态，就是重度的适应障碍。

对于大一新生而言，上大学一个重要的改变就是从熟人社会转入生人社会，很多大学生都是跨省跨地区上学，不仅气候环境发生了变化，在饮食习惯、人文习俗等方面也发生了很大变化，适应新的生活环境需要一个过程。另一个重要的变化就是学习方式的变化，中学阶段的学习是一种相对被动式的学习，学习目标明确，学习动机强烈，背后还有家长、老师的监督和督促，进入大学，昔日的学习目标不在，新的学习目标尚未确定，又少了外在的监督与约束，适应大学自主学习方式也需要一个过程。还有人际关系的变化，中学阶段主要精力放在学习上，人际关系相对简单，大学阶段的人际交往增多，也会带来一些适应性的问题。总之，进入大学对于大学生而言都是一个全新的开始，面对新的生活环境、学习方式、交往方式等，会给他们思想上、心理上带来很大冲击，如果不能尽快适应大学生活，就会产生适应障碍，严重的有可能会引发心理问题或心理疾病。

大一新生适应障碍多发生于入校后的1～3个月内，以情绪异常和行为异常为主要表现。情绪异常包括焦虑、烦躁、抑郁、担忧、恐惧等情绪情感症状，行为异常包括自我封闭、退缩、退行、作息不规律等，甚至还有可能会出现生理功能障碍，如失眠、头痛、食欲不振、肠胃不适、心慌等。具体而言，大一新生适应障碍的主要表现有以下方面。

（一）生活适应不良

现在的大学生出生于物质财富极大丰富的时代，大多又是独生子女，他们在成长过程中基本没遭受过生活磨难，在父母家人的百般呵护下长大，是整个家庭的核心。进入大学，面临的第一个现实问题就是要独立生活。随着年龄的增长，他们的自我意识逐渐增强，非常渴望摆脱父母的管束独立生活，但是，进入大学之后，当真正意义上的独立生活开始时，对于那些依赖性强、独立生活能力差的学生来讲，依赖感和独立性之间的反差和矛盾会使他们难以适应新的生活方式，陌生的生活环境和生活方式的改变会引发他们孤独、怀旧、紧张、恐惧等不良情绪，这种不良情绪如果长期得不到排解就会引发自我否定、习惯性无助、行为退缩等心理问题和障碍。

（二）学习适应不良

大学阶段与中学阶段的学习存在很大的差别。从学习目标上讲，高中阶段的学习目标是非常明确的，那就是考上大学。进入大学之后，原有学习目标已经实现，新的学习目标尚未确定，这中间就会出现一段断档期，容易引发迷茫、困惑、空虚的心理。从学习内容上讲，大学阶段是专业性教育，完全不同于中学阶段的知识性教育，不同专业的人才培养目标是不同的，甚至具有很大的差别。从知识性教育转入专业性教育模式，也需要一个适应的过程。从讲授方法上讲，大学阶段的学习是探索性学习，书本和课堂讲授的内容只是很小的一部分，这完全不同于高中阶段的灌输式、填鸭式的讲授方法，更多的学习内容需要学生自己去拓展和深化。从学习方式上来讲，大学阶段是自主式学习，教师的讲授更多的是一种引导性教育，而非纯知识讲授，需要学生在教师的引导下开展自主学习，也就是说在大学，学生会拥有更多的自由，主要依靠学生的自我监控，完全不同于高中阶段是在家长和老师的指导、监控下进行的。大学阶段学习的巨大变化会对学生原有学习习惯等产生很大的冲突，需要一个逐渐适应的过程，如果不能很快调整自己的学习习惯适应大学学习，就会产生学习适应问题。

（三）自我认知偏差

大一新生的年龄一般都在 18 岁左右，生理发育基本成熟，但是心理发展相对滞后，个体社会化程度不高，容易受外界环境的影响，从而造成自我认知偏差。高中阶段主要是以成绩论英雄，好学生的评价标准相对单一，只要学习好就是老师、父母和同学眼中的好学生。进入大学以后，学习成绩只是众多评价标准中的一个，自身的综合素质和能力成为衡量一个学生优秀与否的重要标准，尤其是有某方面特长的学生得到更多的关注和发展的空间，这使得部分大一新生会因往日光环不再而产生失落、自卑等不良心理。他们对大学生活寄予较高的期望，渴望更好发展自己，使自己成为优秀人才，但进入大学后又不得不接受自己的平庸与平凡，理想与现实的巨大反差会使他们理想破灭，感到前途灰暗、渺茫，以至自我评价过低，甚至全面否定自我。尤其是那些来自经济不发达地区的大一新生，由于家庭经济状况的悬殊、城乡生活方式的差异等因素，更容易产生自卑、自闭等心理问题。

（四）人际交往适应不良

处于青年中期的大学生，情感丰富又敏感，渴望与人交往又不轻易敞开心扉，尤其是对于大一新生而言，大学阶段的人际交往比高中阶段更为频繁，在人际关系模式方面也与高中阶段存在很大不同。在高中阶段，交往一般局限在同班同学和师生之间，因地缘关系，交往中在人文地理、生活习俗等方面不存在障碍。高中阶段学习任务很重，用来人际交往的时间非常有限，交往的内容也主要围绕学习进行，学习成绩是高中阶段维系人际关系的重要因素。到了大学，学生来自全国各地、五湖四海，彼此之间在语言、生活习惯、价值观念、性格兴趣等方面都存在很大的差异，冲突和矛盾在所难免。大学阶段的人际交往范围更广，不仅要和自己同宿舍、同班同学交往，还会面对跨宿舍、跨班级、跨年级、跨学院的更大交际圈，人际关系的维系不再是主要依靠学习成绩，而是必须依靠一定的技巧，要求花更多的时间和精力来应对繁杂的人际关系。对于很多大一新生而言，他们在交往技巧方面相对比较缺乏，一下子难以适应繁杂的人际交往环境。一方面，他们想要尽快融入新的人际环境，和身边的老师、同学等建立良好的人际关系；另一方面，蹩脚的人际交往技巧又限制和束缚了他们的交往行为，使他们在人际交往中相对比较被动，或者会出现人际关系紧张，如果长期得不到排解，就会产生孤独、压抑、焦虑等不良情绪，严重的甚至会产生社交恐惧、焦虑等心理障碍与心理问题。

二、大一新生心理问题的有效应对

大一新生产生适应障碍的原因是多方面，外在环境的变化只是诱因，自身人格特点和适应能力是内因。有效解决大一新生心理问题，要从提升学生的适应能力、培养学生的健全人格着手。

（一）以新生入学教育为契机做好适应性教育

新生入学教育是大学教育的“第一堂课”。从国家高等教育整体来讲，在新生入学后及时开展新生入学教育，并将其作为大一新生的“第一堂课”，对于培养学生树立正确的人生观、价值观具有重要的意义。大学培养的是某一方面的专业人才，开设新生入学教育的目的是期望能通过前置性的教育内容和教育手段等，使学生能够尽快形成正确的大学观，为大学生活开一个好头。对于学生个体而言，进入大学首先要面对的就是尽快适应大学生活。在新生入学教育中，通过一系列的教育活动，可以使新生全面了解和认识大学生活，及时调整好状态开始全新的大学生活，从而促进大学生的健康成长成才。

要抓实抓好新生入学教育，不断完善内容体系，探索更有效的方法与途径，在引导学生树立正确“大学观”的同时，注重做好适应性教育。一是完善新生入学教育内容体系，将理想信念教育、校史校情教育、专业发展教育、职业发展教育等内容有效融入新生入学教育。二是不断创新方式方法，可以通过报告会、座谈会、新老生交流会、素质拓展、团体辅导等多种形式开展新生入学教育。三是根据不同学生的不同需求，分群体开展有针对性教育引导，切实解决学生的适应障碍。

（二）以大学生心理健康教育课程为依托开展普及型教育

大学生心理健康教育课是高校公共必修课程，大部分高校都安排在大一第一学期开设，共 2 学分、32 ~ 36 课时，内容包括“了解心理健康的基础知识”“了解自我，发展自我”“提高自我心理调适能力”三大部分，旨在通过知识传授、心理体验与行为训练，提升学生的心理健康意识、自我心理保健意识、心理危机预防意识，增强学生的自我认知能力、人际沟通能力、自我调节能力等，全面提升学生的心理素质和能力，促进学生全面发展。

要开好、上好大学生心理健康教育课，切实发挥课程应有的作用。一要深入调查研究学生的心理需求，结合大一新生的心理特点和主要心理问题开展有针对性的课堂教学活动，尤其是要将适应性教育作为主要内容。二要加强心理健康教育教师队伍建设。虽然从2011年开始教育部下文要求所有高校都开设大学生心理健康教育公共必修课，但是师资力量一直是限制大学生心理健康教育课程教学效果的重要影响因素。要通过系统化地教育培训来全面提升教师队伍的整体专业化水平，不断优化心理健康教育教师队伍的结构。三要不断创新大学生心理健康教育教学手段。要充分运用现代信息技术来改进教学方法，努力探索线下线上、案例教学、行为训练等多种形式相结合的教学模式，充分发挥学生的积极主动性，全面提升教育教学质量。

（三）以心理普查结果为主要依据开展个性化教育

发展性与预防性相结合是心理育人的一个重要原则，做好大一新生心理普查是做好预防性心理健康教育的前提和基础。通过全面的心理普查，可以了解和掌握大一新生的心理状况和主要心理问题，方便制定切合实际的教育措施，提高心理健康教育的针对性和有效性；开展全面的心理普查，可以利用专业化的测评工具准确筛查出重点关注对象，深入分析他们的心理状况和存在的主要心理问题，方便开展更加精细化、个性化的心理健康教育。

要在新生中开展全面心理普查，健全心理健康档案。一要研制本土化心理测评量表，开发更为完善的大学生心理健康网络测评系统，使心理普查结果更加科学，更加契合中国大学生的群体特点。二要构建大学生心理动态监测体系，要充分利用现代信息技术尤其是大数据技术来实时掌控大学生心理的发展变化，用发展的眼光看待大学生的心理成长。三要做好重要关注对象的心理疏导，要结合大一新生突出的心理问题，通过谈心谈话、心理咨询、团体辅导等各种方式进行积极的心理疏导，减轻和缓解大一新生由适应障碍引发的各种心理困惑与心理问题。

三、大学新生心理育人个案分析[①]

（一）案例基本情况

小雪（化名），女，大一新生，来自农村，家境一般，比较内向，为人处事谨小慎微，自我评价极低，认为自己什么都做不好；性格比较孤僻，平时很少和同学交流，喜欢独来独往；近期情绪低落，室友反映她在夜里常躲在被窝中哭泣；学习非常用功，希望自己能够获得奖学金，毕业后考上研究生。

经了解，小雪有个表姐，表姐从小乖巧懂事，学习成绩也特别好，深得长辈们的喜爱。小雪的父母一直拿表姐做榜样鞭策小雪的学习，希望小雪也可以像表姐那样优秀，但不管小雪怎么努力，都无法和表姐相媲美，在表姐耀人光环的辉映下，她显得暗淡无光。在重重的心理压力下，小雪高考失利，后转入职高复读，一年后参加对口招生考试才如愿考上大学。但就在小雪考上大学的同年，表姐考上了一所重点高校的研究生，还没顾上松口气享受考上大学的喜悦，就又被无形的压力包围，甚至有点喘不过气。

进了大学之后，小雪渴望通过自己更加勤奋努力的学习能够赶超表姐，但大学的学习生活与她想的完全不一样，学习成绩不再是衡量一个人优秀与否的唯一标准，身边的同学多才多艺，进入大学后在丰富多彩的校园活动中很快得到了更多的发展和展示的机会，而小雪好像除了学习没什么一技之长。班里已经有部分同学开始报舞蹈班、乐器班进行学习，小雪不知道自己要不要报班，不知自己应该朝哪个方向努力，小雪变得更加自卑，甚至自闭，平时都不敢和同学进行交流，担心同学会看不起她。

（二）心理育人方案的制定

小雪的情况属于典型的自卑心理，是大一新生常见的心理问题之一。造成小雪自卑心理的原因有主观和客观两个方面。

---

① 根据学生工作案例《从丑小鸭到白天鹅的华丽转身——一名自卑女生的成长故事》改编而成，此案例荣获2016年信阳师范学院学生工作案例一等奖。

客观上，在入大学之前，父母将小雪和表姐做对比，是想通过表姐这个榜样带动小雪好好学习，却忽视了小雪身上的优点，使小雪长期背负着极大的心理压力，虽然非常努力但却始终赶不上表姐，从而产生了极大的挫败感，容易否认自己，认为自己处处不如人。进入大学之后，大学校园文化生活极为丰富，在文艺、体育等方面有特长的学生如鱼得水，很快就崭露头角，但对于没有特长的小雪来讲，渴望变得优秀的理想与现实近乎残酷的大学生活之间的巨大落差，使她产生了适应不良，更加否定自我，更加自卑。

主观上，小雪对自己一直存在认知偏差，在谈到自己的时候多次用“我太笨了”“我什么都做不好”“我什么也不会”等消极词汇，无视自己的优点。小雪还非常在意别人的评价，经常会为了迎合别人而做一些自己不喜欢的事情。更为重要的是，小雪在长期和表姐的比较中形成了思维定式，习惯于拿自己的缺点和别人的优点进行比较，和表姐比学习，和同学比才艺。不正确的比较一次又一次证实“我很差劲”“我不如别人”的自我评价，从而造成恶性循环，使她越来越自卑。

经过全面分析，要消除小雪内心的自卑情绪，必须首先改变她不合理的认知，引导她正确看待自己的优缺点，然后再放大她的优点，使她逐渐建立自信，摆脱自卑。

（三）育人过程及效果

基于以上分析，采用将心理咨询方法融入谈心谈话和思想教育之中，沿着排解不良情绪、重新认识自我、逐渐建立自信、促进全面发展的育人方案，引导小雪逐步由自卑转向自信，完成从“丑小鸭”到“白天鹅”的华丽转身。

1. 打开心扉，排解不良情绪。在发现小雪的问题之后，笔者和她先后进行了三次谈心，其间以听为主，引导小雪把心中积压已久的痛苦和负面情绪都倾诉出来。第一次谈心，小雪哭着讲述自己这么多年来的不开心经历，感觉活得很压抑、很累。她说这么多年来，总感觉有一块石头压在自己的心头，使自己喘不过气，好想拿开这块石头，但却拿不动。第二次谈心，小雪要稍微轻松一点，她说那块石头好像没那么重了，她开始更多谈论自己的努力，在表姐耀眼的光环下，根本没人注意到自己的付出和努力，感觉好委屈。第三次谈心，小雪明确表示自己心里舒畅多了，话题更多转向对大学生活的迷茫与无助。

2. 重新认识自我，探寻自身优点。在小雪将关注点从回忆过去失败的经历转入关注当下自我发展之后，重点引导她去积极探索自己的长处和优点。主要通过让小雪回忆个人成长中愉快的经历来使她看到自己的优点，例如，因为字写得好被老师表扬，并经常让她帮着出黑板报；因为英语发音标准，经常在班里领读英语；进入大学后，因为数学学得好，总有同学向她请教问题等。在对成长经历中点点滴滴的开心小事的回忆中，小雪也逐渐发现自己其实也并不是像自己认为的那样一无是处，在很多方面好像也不像自己认为的那样糟糕，认识到这点之后，小雪变得轻松了许多。

3. 放大自身优点，逐渐建立自信。小雪所学的专业是对口招生，班里同学都是来自职高，数学底子薄弱，数学是他们最头疼的课程。随着期末考试的临近，学习委员向笔者反映，同学们对数学考试都很着急和焦虑，担心考不及格，希望能有人给他们进行辅导。而小雪则和她们相反，数学学得特别好，一点不担心数学考试，平时也经常有同学找她请教数学题。征得小雪同意后，让她利用课余时间给班里其他同学讲数学题，同学对她很感激，她也很开心，原来自己也是有过人之处的，而不是之前认为的那样一无是处。小雪渐渐地有了自信，给同学讲题也更为从容和流利，脸上笑容也逐渐多了起来，和同学之间的交往也多了起来。

4. 持续关心关注，及时给予肯定和鼓励。经过半个学期的努力，虽然还是感觉和身边多才多艺的同学相比自己还有很大差距，但是小雪已经没有之前那样自卑，不再独来独往，和身边同学相处得也越来越融洽。尤其是第一学期成绩出来以后，小雪的成绩在班级名列前茅，让她很开心，原来自己并不像自己认为的那么差劲。

大一第二学期开学之后，笔者把定期谈心改为不定期谈心，对于小雪的进步和成绩，都会在第一时间予以肯定和鼓励，小雪变得更加自信，学习动力更足了，一次性通过英语四级考试，在全国大学生英语竞赛中还获得了二等奖，大二时还获得了励志奖学金。

5. 深入自我探索，做好职业发展规划。在对小雪的教育引导中，一直鼓励小雪进行深入的自我探索，让她在更加全面、合理认识自我的基础上，去探寻自己的职业兴趣，引导她结合专业学习做好人生发展规划，尤其是做好大学生活规划。小雪非常喜欢到处旅游，学的又是旅游管理专业，她的英语也很好，在顺利考取导游证之后，又在专业教师的鼓励下考取了英语导游证，毕业后顺利进入一家大型的旅游公司做双语导游。

（四）分析与启示

大一新生心理问题的发生除了外界环境的变化，更多的是原有心理问题的新发展，因此在对大一新生进行心理育人过程中，要关注他们的原生家庭、成长经历，要将解决当下的心理困扰与解决原有心理问题相结合，不能仅限于解决当下的心理问题与困扰，要立足于学生的长远发展，坚持发展性心理健康教育的理念，在解决心理问题的同时促进学生的健康成长。

第二节　家庭经济困难学生

家庭经济困难学生指的是“学生及其家庭的经济能力难以满足在校期间的学习、生活基本支出的学生”①。为了确保家庭经济困难学生都能顺利完成学业，“不让一个学生因经济困难而失学”，党和政府高度重视资困助学工作，先后出台了助学金、奖学金、助学贷款等一系列的资助政策和措施，形成了“奖、贷、助、勤、减、免、补”为一体的多元混合资助体系。经过各项积极有效的资助政策的大力实施和落实，家庭经济困难学生的经济问题得到了有效解决，正常的学习生活得到了保障。但是，经济困难只是影响家庭经济困难学生发展的浅层问题，更为深层的是他们在长期

① 《教育部等六部门关于做好家庭经济困难学生认定工作的指导意见》，中华人民共和国教育部网站，2018 年 10 月 30 日。

经济困难的生活环境中所造成的心理问题。与普通大学生相比，由于家庭成长环境等外界因素的影响，使他们更容易产生自卑、孤僻、焦虑、抑郁等心理问题和人格障碍。因此，要加强对家庭经济困难学生的关心关注，在给予经济上资助的同时进行心理上帮扶，努力促进他们心理资本的提升，使他们能够健康成长。

一、家庭经济困难学生存在的主要心理问题

家庭经济困难学生作为高校学生中的一个特殊群体，因为生长环境的影响，使得他们中的一部分人在长期的物质贫困的影响下，精神成长也受到了不同程度的影响，从而出现了一些典型的心理问题。

（一）自我认知错位

自我认知是个体在成长过程中，对自己的生理、心理和行为以及与周围事物关系的认知。自我认知是自己对自己的认知，主要包括自我观察和自我评价两个方面。自我观察指的是个体对自己的感知、思维和意向等方面的觉察，是形成自我认知的基础和前提。自我评价指的是个体对自己的想法、期望、行为、人格特征等方面的判断和评估，是自我认知的核心部分。如果个体不能对自我有一个全面、合理的自我觉察，就不能合理进行自我评价，就无法达到自我同一性的确立，就会引发心理失衡，从而产生各种心理问题。如果个体不能合理评价自己，就不能正确对待自己的优缺点。他们或者看不到自己的优点，造成自我评价过低，觉得自己处处不如别人，产生自卑心理；或者过高估计自己的优点和长处，造成骄傲自大、盲目乐观，从而产生自负心理。无论是自卑心理还是自负心理，都是对自我的一种错误认知，都会影响个体的健康成长。

家庭经济困难学生的成长经历一般要比普通学生曲折很多，不仅要承受来自经济拮据的生活压力，在完成学业的同时还要照顾家里，从小便比同龄人遭受更多生活的磨难，还要面对来自周围人的各种歧视和嘲笑，幼小的心灵看到更多人世间的丑恶与黑暗，这种独特的成长经历对他们的性格、价值观等会产生直接影响。有些学生能够变压力为动力，将苦难经历

转化为磨炼个人坚强意志的财富，但是却有部分的家庭经济困难学生在强大的经济压力下，无法正确看待贫困，使他们认为贫困是一件非常丢人的事情，从而否认自我，拒绝接纳自我，以至产生自卑、抑郁等心理问题，严重的甚至会出现自我认知混乱。

（二）人生态度消极

人生态度是人生观的主要内容，是个体对待人生的观念和态度，是个体在生活实践中形成的对人生问题的一种较为稳定的心理倾向和基本意愿，主要包括个体对社会生活所持的总体态度、对人生的持续性信念、对各种人生境遇所做出的反应方式等。积极的人生态度是一个人健康成长成才的内在动力，能够使人积极乐观、迎难而上，促进人生目的的达成。消极的人生态度是一个人成长成才的巨大阻力，会导致一个人在困难和挫折面前消极悲观、畏难退缩，可能一事无成。

家庭经济困难学生在成长过程中，因经济拮据在生活中会遭遇更多的困难和挫折，可能还会有歧视、嘲笑等，有一些学生会在困难和挫折的磨炼中形成坚强的意志品质，从而成为一生的精神财富。但也有一些学生无法面对生活中的困难和挫折，他们将困难和挫折错误归因为命运不济，选择了逃避现实、自暴自弃，这种消极悲观的人生态度让他们越来越自卑、懦弱、退缩。

（三）成就需求强烈

成就需求是个体内心期待成功、追求优秀、希望自己能做得更好的一种内在需求，是个体实现自我的内在动力。高成就需求会促使个体朝着更高的目标不断努力，成就最好的自己。但是，如果一个人的成就需求超出了自我所应有的水平，不仅不会产生强大的动力，反而会变成巨大的压力，使自己在追求高目标的过程中承受着求而不得的痛苦，多次的求而不得还会不断消磨人的进取心和意志力，使人产生强烈的挫败感，容易造成自我否定，将失败原因归结为自我能力不足，认为自己是个失败者。

家庭经济困难学生承受着来自经济拮据的生活压力，也肩负着更高的家庭和家族期望。不仅他们自己渴望通过努力学习改变命运，实现“鲤鱼跳龙门”，他们的家庭也期望孩子能够学业有成，光耀门楣，不再因为贫困被人看不起，可以因为孩子而扬眉吐气。过高的成就期待使他们对优秀有着非常强烈的向往，这种过高的成就期望使他们忽视对个人能力的评价，当他们在学业受挫或成绩不理想时，心理会更为脆弱，容易产生严重心理问题，从而引发心理危机事件。

（四）人际关系敏感

人是社会性动物，一出生就生活在各种各样的关系中，无法离开社会而独自生活。人与他人交往，就会产生人际关系。人际关系是人们在社会生产和生活过程中与他人建立的一种稳定的社会关系，它反映了个体或者群体寻求满足其社会需要的心理状态，表明了人们在相互交往的过程中人际关系的深度、亲密性、融洽性、协调性等方面的联系程度。每个人不同的成长背景、成长环境会促使个体形成个性特征、行为模式以及价值观，个体在与他人交往的过程中，会逐渐形成具有鲜明特色的人际关系。人际交往是个体社会化的重要途径，也是个体人格完善的重要因素，人的成长与发展的过程始终伴随着人际交往。

我国著名心理学家丁瓒曾经指出，“人类的心理适应，最主要的就是对于人际关系的适应，所以人类的心理病态，主要是由于人际关系的失调而来”①。家庭经济困难学生大多是从小就生活在贫困之中，来自周围人的嘲笑、讽刺等会或多或少对他们的成长产生不良影响，尤其是对于年幼的孩子来讲，这种影响会根深蒂固，会使他们对社会形成不正确的看法，对周围所有人都怀有警惕之心。步入大学，虽然他们已经成年，但是幼年所形成的人际交往模式会继续影响他们，捉襟见肘的日常生活使他们不能尽情舒展自我，封闭、敏感的人际交往模式会在一定程度上影响着他们与同学、老师的交往。严重的甚至会出现自闭、社交恐惧、社交焦虑等严重的心理问题和精神疾病。

① 丁瓒：《青年心理修养》，丙寅医学社 1947 年版，第 18 页。

二、家庭经济困难学生心理育人的主要措施

做好家庭经济困难学生的心理健康教育是高校心理育人的一项重要任务，但是，由于家庭经济困难学生的特殊性，对于他们的心理健康教育要注意方式方法。

（一）构建协同育人机制

育人是一项需要多主体共同发力的协同育人机制。《高校思想政治工作质量提升工程实施纲要》提出构建包括心理育人、资助育人在内的“十大”育人体系，这只是基于“三全育人”根据育人的群体、岗位、工作内容等做的划分，各个育人体系之间既有联系又有区别。

高校心理育人以提升学生的心理健康素质为主要目的，其主要对象是全体学生，但家庭经济困难学生因家庭成长环境和个性特征等因素影响，如果没有足够强大的心理资本作为支撑，来自生活、交往、学习等方面的压力极易引发自卑、敏感、抑郁、焦虑等心理问题，甚至发生自伤或者伤人的恶性事件。家庭经济困难学生是高校心理健康教育的重要群体之一。高校资助育人以家庭经济困难学生为主要对象，通过“构建物质帮助、道德浸润、能力拓展、精神激励有效融合的资助育人长效机制”“着力培养受助学生自立自强、诚实守信、知恩感恩、勇于担当的良好品质”①，实现“扶困”与“扶智”“扶志”的结合。资助育人要实现“扶贫”与“扶志”的有机结合，关键还在于提升贫困生的心理资本，使其保持良好的精神状态。心理育人与资助育人都是围绕学生的全面成长成才而进行的育人工作，提升家庭经济困难学生的心理素质是育人目标的主要内容之一，只是二者在育人过程中侧重点有所不同而已。因此，对于家庭经济困难学生的教育，要将心理育人与资助育人有机结合起来，在对学生进行经济资助的同时注重精神激励和心理疏导，要将“扶贫”与“扶志”有机结合，将“育心”与“育德”有机结合，在做好经济脱贫的同时更要注重“心理脱

---

① 中共教育部党组：《高校思想政治工作质量提升工程实施纲要》，中华人民共和国教育部网站，2017 年 12 月 7 日。

贫”，激发学生成长成才的内生动力，促进学生全面发展。

（二）以提升心理资本为核心

心理资本是个体在成长与发展过程中经过不断积累逐渐形成的一种潜在的心理优势，由自我效能感、积极、希望、韧性四个维度组成。心理资本是一种积极的心理力量，在个体成长过程中能促使个体采取积极的态度来应对各种挑战、压力和挫折。通过后天的学习和教育等投资和开发手段可以有效提升心理资本，使个体在认知、情感、意志等方面都得到积极改善，从而增强心理品质和竞争优势。家庭经济困难学生在成长过程中，比同龄人要承受更多的经济压力、人际交往压力等，要遭受更多的挫折和磨难，这些既可能是他们的人生财富，也可能是挫折和打击，关键在于个体的自我认知。在这个过程中，心理资本起到很重要的作用，如果没有足够强大的心理资本作为支撑，来自生活、交往、学习等方面的压力极易引发自卑、敏感、抑郁、焦虑等心理问题，甚至发生自伤或者伤人的恶性事件。但是，反过来，这些挫折和磨难也可以对心理资本的提升起到促进作用，关键要靠个体的积极应对和有效转化。因此，要在注重人文关怀的同时注重培养其强大的心理资本，使其坦然应对生活中的苦难，保持良好的精神状态。

1. 提升自我效能感。自我效能感是心理资本形成和积累的先决条件和基础，决定着心理资本积累的速度。在对家庭经济困难学生进行心理健康教育的过程中，要特别注重鼓励与引导，既要积极引导家庭经济困难学生形成正确认知自我，合理确立奋斗目标，并学会将目标分解为阶段性目标，又要加强关心关注，及时肯定他们的点滴进步，要通过经常性的语言鼓励、物质和精神激励等方式，坚定他们完成目标的信念和信心。

2. 培养乐观的人生态度。乐观是个体对结果的一种积极期盼，是促进心理资本提升的有效助力。乐观首先是一种积极的人生态度，相信个人的力量，认为经过努力，任何事情都会朝着好的方向发展，这种积极的人生态度会转化为强烈的意愿和期盼，使个体在应对困难和面对压力时采取积极的应对方式，更愿意去想方设法解决问题而不是采用回避、逃避的态度来应对问题。乐观还是一种积极的解释风格，认为事件发展是主客观因素作用的结果，既不会将失败和挫折完全归因于客观的外在因素，也不会完全归因于内在因素。这种积极解释的风格，会使个体在遭遇困难和挫折时，学会理性分析，学会正确归因。

3. 给予希望。希望是一种目标导向，是个体内心对某种结果的预期，有了希望才有行动的内在动力。希望由目标引起，包括意志和途径两个组成部分。意志是对目标达成的渴望以及由此产生的内在动力，是希望的核心。途径是在意志推动下去努力寻找达成预期目标的实现路径，是希望的保障。只有意志没有途径，希望只能是空想；只有途径没有意志，希望只能半途而废。要引导家庭经济困难学生制定合理的目标预期，要综合考虑自我需要和外在期望，将二者与自我实际有效融合并转化为目标指向。重点是目标要难易适度，与自我能力相匹配，只有合乎个体需要且难度适宜的目标才能给予个体希望，才会激发个体产生达成目标的内驱力和积极行动的自觉性。目标通过个人努力难以达到就给予不了个体希望，目标不用努力就能实现也难以激发内在动力。

4. 提升韧性。韧性是个体的一种自我复原力，是个体在遭遇重大困难或危险情境时，能采取积极主动的方式使自身状态很快调整到一种平衡状态，强调的是一种自觉的适应能力和极强的复原能力。具有较强韧性的个体，无论身处顺境还是逆境，都能够主动调整自身状态来适应周围环境，从而实现内心的平衡。对于家庭经济困难学生，要引导他们树立正确的人生观、价值观，正确看待自我和贫困，积极培养自立自强、乐观向上的精神状态，把苦难当教材来培养自己坚强的意志和良好的自我调节能力，把压力和挫折化作人生前进的动力。

（三）注重发挥朋辈力量

对于个体的成长而言，遗传因素虽然起到一定的作用，后天的教化才是影响个体成长的主要因素。个体思想认识水平的提升、知识能力的提高、道德人格的培养等都有赖于后天的教化，模仿学习是最直接有效的教育方法。社会学习理论的代表人物班杜拉认为，几乎所有由直接经验而来的学习现象，都可以直接通过观察别人的行为及其结果而替代地发生。观察者通过观察示范者在特定情境中的反应，在自己头脑中形成一种整体知觉，在反复多次的观察学习中不断强化，最终转化为观察者在特殊情境中发生特殊反应的一项技能。需要强调的是，在观察学习的过程中，观察者对于示范者的模仿学习并不是一种简单的行为再现式模仿，而是经过观察者的自我认知和自我调节后的个性化模仿。研究表明，示范者与观察者在年龄、性别、人格特征等方面相似度越高，被模仿学习的可能性就越大。

家庭经济困难学生由于成长环境的影响，部分学生会一定程度上存在敏感、多疑、自卑、自闭等心理问题，对他们的教育引导必须是以经济资助为基础的心理疏导和教育引导的结合，要充分考虑他们的特点。而朋辈群体是大学生成长成才的重要他人，他们年龄相仿又具有类似的生活和学习背景，利用优秀朋辈大学生群体开展心理健康教育，能够拉近同学间的距离，使大学生更容易感受到被理解和支持，更有利于打开心扉，能较好将心理健康教育在大学生心目中固有的距离感转化为大学生群体追求积极向上和完善人格的内在诉求。

利用朋辈群体开展家庭经济困难学生的心理育人，除了严把入口关，努力提升朋辈教育者的素质和能力之外，尤其要注意根据家庭经济困难学生的个体差异性有针对性选择相对应的朋辈教育者，尽可能形成长期、固定的朋辈帮扶小组，为家庭经济困难学生的健康成长提供坚实的社会支持力量。

三、家庭经济困难学生心理育人个案①

（一）案例基本情况

小小（化名），大一新生，父亲是普通农民，母亲患有精神类疾病，姐妹三人上学，家里还有八十多岁的奶奶和残疾人叔叔需要照顾，家庭负担很重。因为她家庭经济情况比较特殊，一入学就获得了当地民政机构提

① 根据2015年12月发表于《广西青年干部学院学报》的学生工作案例《朋辈帮扶方式在贫困生“心理脱贫”上的探析》改编而成，此案例荣获2013年河南省辅导员工作案例一等奖。

供的资助，在助学金评定中获得 A 类助学金。但是，这些资助并没有使她在解决生活上的后顾之忧后快乐生活、学习，而是产生了巨大的心理压力，甚至有些惶恐。经过多方调查了解，发现小小自卑且敏感，担心过多的资助会引起同学们对她的关注，担心同学们会因为她的家庭情况而鄙视她、孤立她。她还有着非常强的自尊心，不愿因为家庭经济困难而得到各种资助，与助学金相比，她更希望自己能够凭借优异成绩获得高额奖学金，在减轻家庭经济负担的同时也证明自己的能力。

小小的表现是典型的“贫困生心理综合征”，心理上极度自尊与自卑相交织，情感情绪上焦虑担忧，人际交往上敏感退缩，以过分在意经济为价值判断标准。因此，对于她来说，经济上的援助只是一方面，更重要的还是心理上的帮助和精神上的支持，培养健康的心理和健全的人格。

（二）心理育人方案的制定

在对小小进行全面调查了解的基础上，笔者决定采用“朋辈帮扶”的方式，动员同班的另一位家庭经济困难学生小珍（化名）来对小小实施帮扶计划。选择小珍参与帮扶计划的原因有以下两点：一是家庭背景的相似性。小珍的父亲年近七旬，已不能从事重体力劳动，她有三个哥哥，大哥二哥结婚生子后已分家单过，三哥在外打工，三个哥哥都因文化程度不高经济收入不乐观，她上学的费用主要靠三哥打工赚钱支持。二是小珍具备朋辈辅导员的条件。虽然小珍的家庭经济情况很困难，但她并没有像有的贫困生那样自卑，她性格活泼开朗，积极参加各种校园文化活动，她还很热心，经常主动帮助其他同学。最重要的是，她和小小是隔壁宿舍，对小小的情况非常熟悉，曾主动表示想要帮助小小。

经过和小珍的沟通与协商，确定了详细的帮扶方案。

第一，小珍利用各种机会接近小小，努力和小小成为好朋友。因为小小敏感多疑，小珍可以通过上下课、宿舍串门、班级活动等机会有意接近小小，但要注意循序渐进，注意方式方法，一定不要引起小小的反感。

第二，激发小小积极上进的愿望。外在的帮助只有化作内在的动力才能真正起到作用。在初步建立友谊的基础上，小珍要有意无意透漏家庭信息给小小，用小珍的活泼开朗和积极乐观引起小小的共鸣，激发她主动寻求帮助和要求改变的强烈愿望。

第三，做好榜样示范。在对小小的帮扶中，最关键的环节是小珍榜样示范作用的发挥，要通过小珍积极乐观的人生态度、活泼开朗的性格、学习的刻苦努力等来带动小小的模仿学习。因此，小珍要发挥榜样示范作用，就要更加积极努力，争取在学习、生活等各方面都能成为小小学习的榜样。

第四，扩大社会支持系统。仅靠小珍一个人的示范带动，发挥的作用还是有限的。在发挥小珍的朋辈作用的同时，还要注重发挥宿舍同学和班级同学的朋辈力量，营造互帮互助、共同进步的良好氛围。

（三）帮扶过程及效果

经过一段时间的努力，小珍有意地通过上课时和小小坐一起，下课时和她一起回宿舍，和小小初步建立了友谊。当小小得知活泼开朗的小珍居然和她一样是贫困生时，内心确实触动很大，她希望自己也能成为这样的人。但是经济上、学习上、心理上的压力使她有点喘不过气，内心非常渴望有人可以帮助她。所以，对于小珍的主动接近她没有表现出排斥，在得知小珍家庭情况后更加愿意和小珍交往。

在接下来的一段日子里，小珍一方面不断鼓励小小，帮助小小，激发她的自信心；另一方面，小珍更加努力学习和参加各项活动，保持乐观向上的心态，做好榜样，以实际行动带动小小进步。同时，在室友和同学的共同关心下，小小的社会支持系统得到了扩大。

经过一个学期的努力，小小脸上的笑容多了，见面也主动和辅导员打招呼，和同学的关系也融洽了很多，班会上也会主动上台发言。在大学期间，小小和小珍历次获得国家励志奖学金，并一直是最要好的朋友。

（四）分析与启示

采用朋辈帮扶的方式对家庭经济困难学生进行心理健康教育，通过提升其心理资本实现其健康成长，是可行且有效的。对于家庭经济困难学生，经济上的资助只是最基础的，精神上的支持与帮助才是最重要的，一定要将物质资助与精神激励、心理疏导结合起来。在朋辈帮扶过程中，激发家庭经济困难学生寻求帮助、想要改变的内在愿望是最关键也是最难的一个环节，如果他们一直不愿敞开心扉，帮扶活动是难以进行下去的。在这个案例中，笔者选取了一位和小小有着相似成长经历又热心乐观的同班同学作为朋辈教育者，为帮扶活动的顺利开展奠定了基础，但每个家庭经济困难学生的具体情况各有不用，在进行心理育人时，必须具体问题具体分析，不能套用固定的模式。

第三节　学业困难学生

学业困难学生是高校大学生中的一个特殊群体，一直是高校学生教育管理工作的重点和难点。高校学业困难学生是指在学习过程中存在一定困难，难以达到专业培养方案所规定的学业要求的学生。他们一般会出现经常旷课、缺考，存在多门课程不及格，面临着补考、重修、学业预警延长修业年限、难以正常获得学位甚至面临被劝退等现实问题。造成学业困难的原因既有智力因素，也有非智力的因素。对于绝大部分存在学业困难的大学生而言，他们的感官和智力水平一般都处于正常水平，个体的学习态度、学习方法、心理障碍等是造成他们学习困难的主要影响因素。学业困难学生由于不能完成专业培养方案规定的学业任务，不仅影响其正常毕业，而且会影响其健康成长。对于学业困难学生，只有及时进行矫正教育和心理疏导，才能更好地促进他们的学习与成长。

一、学业困难学生存在的主要心理问题

造成学业困难的因素是多方面，对于大学生群体而言，能顺利通过高考进入大学学习，在感官和智力水平方面一般都是处于正常水平的，学生个体存在的非智力因素是造成学业困难的重要影响因素。学业困难学生又可以分为对所有学习都困难的学生和只对某些课程感到困难的学生。存在的主要心理问题表现为：学习倦怠、没有明确的学习目标、不适应大学的

教育与学习方式、自我控制能力差、抗压耐挫能力不高等，从而表现出思想颓废、情绪低落、沉迷网络等行为特征。

（一）学习倦怠

学习倦怠是学习困难学生的主要心理问题，是指大学生在学习过程中由于学业压力和负担过大、学习兴趣缺失等原因而造成的不想学习或不愿学习等对学习厌倦的消极态度和行为，主要有情绪低落、行为不当和低成就感三个维度。情绪低落是指学业困难学生一般会表现为情绪异常低落，产生自卑、自责、焦虑、抑郁等消极心理状态，严重的甚至会出现头晕、失眠、乏力等躯体症状。行为不当是指学业困难学生在学习上和大多数学生的表现不同，表现为对学习不感兴趣、学习时无法集中精力，甚至出现经常旷课、缺考等现象，最终导致多门课程不及格等无法正常完成学业的情形。低成就感是指学业困难学生因规定学业难以完成而产生的情绪低落、消极评价自己、否认自我价值等现象，常伴有学习能力降低、自我才能不能正常发挥等问题。

造成学习倦怠的原因主要有：第一，对所学专业缺乏兴趣和动力。很多学生选择专业都不是出于自己的兴趣，而是在父母、老师和朋友等建议下做出的选择，或者是被调剂的专业，在大学学习中发现所学专业与自己的预期有太大差距，从而对专业学习丧失兴趣。第二，缺乏学习目标。很多大学生没有长远的人生规划，高中时的目标是考上大学，考上大学后，面对学习方式的改变，一时之间不知自己的目标在哪里，就会出现对学习缺乏动力的现象。第三，学习压力过大。部分学生学习动机过强，总想在每次考试和竞赛中都能取得优异成绩，他们平时几乎把所有心思都用在学习上，不允许自己有一丝懈怠，但是高强度的学习与所取得的成绩并不成正比，长期实现不了自己制定的学习目标，就会产生极强的挫败感，从而否认自我能力，对学习逐渐失去信心。

（二）自我控制力差

自我控制是个体对于自身心理与行为的主动掌握与把控，自我控制水平的高低直接决定一个人执行力的高低。自我控制力是个体自主调控自己心理和行为的能力，也可以称为自我约束力，是个体抑制冲动、抵制诱惑、理性判断、延迟满足、制定计划并严格执行的能力。自我控制力强的人能够很好控制自己的意志，自觉抵制外界环境的不良影响，使自己的生活和学习能够按照自己的预设路线去执行，更容易获得成功。而自我控制力弱的人，容易受到外界环境的干扰，经常会偏离自己预设的路线，甚至南辕北辙，最终一事无成。

大学阶段的学习与中学阶段存在很大的差异，中学阶段主要是以应试教育为主，大多数学生都是在家长和老师们的“高考指挥棒”的监督和鞭策下进行的学习，大学实施的专业素质教育，学习环境相对自由宽松，学生对学习有了更多自主支配权。对于缺乏自我控制力的学生来讲，丰富多彩的大学生活易使他们迷失自我，宽松自由的学习环境容易使他们放松自我要求，最终导致不能严格执行自己制定的学习目标和学习计划，甚至会出现懒散、颓废、拖延等心理现象和行为问题。

（三）网络成瘾

网络成瘾是指由于长时间使用网络而导致的一种慢性的或者周期性的着迷状态，上网所带来的快感成为个体心理上的依赖，主要表现为对上网有着难以抗拒的欲望，上网的时间和次数总会比计划的多，离开网络就会产生焦虑、烦躁等消极情绪，甚至会出现寝食难安等躯体症状，只有不断增加上网时间才能获得心理上的满足感。因长时间使用网络，严重影响了现实生活中正常的学习、生活、交往等，自己往往能够意识到自己的问题，内心有想要改变的愿望，但却显得无能为力，或者在经过一段时间的控制和戒除之后，成瘾行为会反复甚至会更为强烈。

网络成瘾有多种表现形式：一是网络关系成瘾，是指过度沉迷于网络世界虚拟的人际关系之中不可自拔，而忽视或者无法适应现实生活中的人际交往。二是网络游戏成瘾，是指长时间沉迷于网络游戏中而逐渐迷失自我，只有在游戏中才能找到自我成就感，严重的网络游戏成瘾会把游戏中的场景与现实生活相混同。三是网络购物成瘾，是指通过在网络上不断消费来获得心理上的满足和安慰，购物不是为了满足日常生活所需，而只是为了心理上的满足，不购物就寝食难安。无论是哪种网络成瘾，一旦陷入就会使学生沉迷其中不可自拔，不仅浪费了大量的时间和精力，而且逐渐与现实世界脱节，不仅对其学习造成了严重影响，也严重阻碍了学生的健康成长。

（四）情绪调节障碍

情绪调节是个体对自我情绪的认知、体察和调整、管理、改变的过程。在这一过程中，个体通过采用一定的调节方法和运用一定的调节机制，使情绪朝着自我预期的方向在生理活动、内心感受、表情行为等方面发生一定的变化。情绪调节是一个双向的过程，既有抑制、削弱，也有维持、增强，最重要的是保持情绪的相对稳定和平衡，使自身的情绪体验与行为始终处于一个适度的水平。如果个体不能正确认知和体察自身的情绪，不能在情绪发生较大波动时通过自我调节使其恢复相对稳定与平衡，就会出现情绪失调甚至情绪调节障碍，或者在情绪上出现大幅波动与长时间的不稳定，或者使情绪长时间处于非正常水平。无论是哪一种非正常的情绪状态，长时间难以恢复原有的平衡与稳定状态，都容易引发心理问题。

存在学业困难的大学生大部分都有情绪调节障碍的表现，他们有些从小受原生家庭矛盾的影响，与父母缺少沟通或者不擅长表达情感，甚至会刻意压抑情感，进入大学之后，他们会延续这种沟通方式，很难与老师和同学建立良好的人际关系；他们有些因为自制力较差，不能有效排除外界干扰，想要改变却又缺乏战胜困难的勇气和决心，常常一边痛恨自己一边又听之任之。因此，在他们遭遇学业、恋爱、生活等方面的挫折和打击时，往往会采取不恰当的应对方式，难以调控自我情绪，或者产生抑郁、焦虑、紧张等不良情绪和逃避、退缩等行为，或者出现冲动、暴躁等情绪，做出自伤、伤人等过激行为。

二、学业困难学生心理育人的主要措施

针对学业困难学生，要本着促进全体学生全面成长的教育理念，在分

析造成他们学业困难根本原因的基础上，根据每个学生的具体情况采取不同的教育引导措施。

（一）转变学习方式，进行适应性教育

高中阶段的学习和大学阶段有着明显的区别，主要是体现在学习方式上，高中阶段的学习是在家长和老师的督促下进行的，是自主学习与被动学习的结合，但是大学的学习完全是自主学习，对于自控能力较为薄弱的学生来讲，极容易在相对比较宽松的学习环境中迷失自我。在高中阶段，很多大学生都是父母眼中的好孩子、老师眼中的好学生，身上自带耀眼的光环。进入大学之后，这种光环不在，如果不能很好地适应大学学习，极有可能面临考试挂科、成绩倒数等问题，巨大的心理落差会使他们怀疑自我，这种负面情绪如果不能得到有效缓解，会使他们对学习失去兴趣，从而产生学习倦怠。

转变学习方式的最佳时间节点是新生入学的第一学期。一是开好《大学生心理健康教育》公共必修课，将适应性教育作为主要内容并贯穿始终，积极引导学生正确认识大学、适应大学生活和学习。二是开展好新生入学教育，通过报告会、新老生交流会、座谈会、素质拓展等活动，在引导学生认识大学生活和学习特点的基础上，重点培养学生的自我管理能力。三是开展职业发展教育，教育引导学生正确认知自我，结合专业开展职业发展规划，制定科学合理的大学阶段学习目标，合理规划大学生活。

（二）激发学习动机，进行阶段性教育

动机是激励人行动的内部力量，是个体发动和维持行动的一种心理状态。学习动机是推动学生自主进行学习活动的内在动力，对学生的学习起着唤醒、定向、选择、维持和调节的作用。增强学习动机可以唤起学生对学习的准备状态，使学生在集中注意力、坚持不懈、对挫折的忍受性等情感和意志方面的品质得到提升，从而有效促进学习。学习效率的提升又在一定程度上能强化学习动机，从而形成“学习—动机—学习”的良性循环。但是，值得注意的是，学习动机虽然对学习有促进作用，但是学习动机与学习效果之间并不一定呈正比关系，过强的学习动机不仅不能促进学习效果，反而会造成学习压力过大，反过来影响学习效果。学习动机和学习效率之间的关系是一个倒 U 型曲线，中等强度的学习动机最有利于学习，学习动机过弱或者过强都不利于学习效果提升，还有可能会带来一系列的心理问题。

对于学业困难学生，大多是因为学习动机缺乏或者不足，造成这一现象的主要原因是缺乏科学合理的学习规划，导致学习目标缺失或者是对专业兴趣不强。要在详细了解造成学生学业困难原因的基础上，注重培养学习兴趣，从而激发学习动机，要针对不同年级学生进行阶段性教育。针对大一新生，重点要做好适应性教育，尤其是对大学学习方式、学习方法的适应，引导他们学会合理规划大学生活，树立合理的学习目标。针对大二、大三年级学生，重点是结合专业教育开展职业发展教育，要引导他们正确认知自己的专业，注重激发他们的专业兴趣。稳定而浓郁的专业兴趣是激发学习动机的内在动力，对专业的全面认知是形成稳定而浓郁的专业兴趣的基础。针对毕业年级学生，重点是做好就业指导与人生发展教育，要注重引导他们正确认识社会，认清就业形势，形成合理的自我认知，探寻自我差距并制定有效的弥补差距的措施，加速个体社会化进程。

（三）养成学习习惯，进行过程性管理

学习习惯是个体在长期的学习过程中经过反复重复逐渐养成的一种学习行为和倾向。学习习惯一旦养成，就会自觉、主动地对个体的学习行为起着调控和促进作用。学习习惯虽然形成后不会轻易被改变，但也并不是完全不能改变，可以通过有意识的强化训练来形成新的学习习惯，新的学习习惯的养成需要一定的时间。良好的学习习惯可以使个体自觉、主动地进行学习活动，不仅能够有效激发学生学习的积极性和主动性，培养学生进行自主学习的能力，而且能够使学生形成科学的学习策略，大大提升学习效率。学习习惯的养成，可以通过有意识的重复学习活动，在良好学习习惯的养成过程中，还能很好增强学生的自我控制能力，培养学生的创新精神和创造能力，从而使学生受益终身。

著名教育学家叶圣陶先生曾经说过：“什么是教育？一句话，就是养

成良好的学习习惯。”① 对于学业困难学生，要根据他们在学习中遇到的各种困难进行详细分析，以提升自我约束力和自我管理能力为核心，为他们制定详细的良好学习习惯养成计划，通过激励、帮扶、督促等各种方式，对学业困难学生进行全过程的教育管理与心理疏导，不断增强他们的学习自信心，提升学习动力，引导他们逐渐固化良好的学习方式，使学习成为一种自觉的行为，逐渐养成良好的学习习惯。

三、学业困难学生心理育人个案分析

（一）案例基本情况

小迪（化名），大二学生，经济类专业，性格较内向、敏感，和同学人际关系一般。大一第一学期高数不及格，自己难以接受这个事实。一直以来，她都是老师和父母眼中的好学生，从小到大第一次考试不及格。因为疫情，大一第二学期没有返校上课，本应该在第二学期开学初进行的补考也顺延到大二第一学期进行。对于补考，她用了一个暑假的时间来复习高数，满怀信心认为自己肯定没问题，但事与愿违，高数补考她还是不及格，使她备受打击。她变得更加敏感，觉得没脸见人，担心同学们会因此而看不起她，都不敢和同学交往。她常常独自哭泣，情绪异常低落，认为自己非常没用，高数不愿意去上，对其他课程学习也没有兴趣，常常一个人坐着发呆。

（二）心理育人方案的制定

在了解了小迪的情况之后，决定对她进行一对一的心理疏导。造成她学习困难的外在诱因是高数连续两次不及格，而使她对学习丧失兴趣的真正原因是不正确的认知，将高数两次不及格的原因归结为个人没有其他人聪明，从而全盘否定自己。解决她学习困难的首要问题是改变她的错误认知，消除不良情绪，然后再将解决现实问题与解决心理问题相结合，引导其走出阴影，投入正常的学习生活。

① 刘国正：《叶圣陶教育文集》第2卷，人民教育出版社1994年版，第478页。

根据这一分析，制定了详细的育人方案如下。

1. 排解不良情绪。在连续两次高数不及格的打击之下，小迪对高数已经彻底失望，内心积压了郁闷、愤怒、焦虑等不良情绪。付出与收获不成正比的现实让她内心无比郁闷，连续两次高数不及格使她非常愤怒，认为自己太笨了太不争气了，同时又很焦虑，接下来还有高数的学习，她根本没有信心学好。她还担心同学们会因此而嘲讽她、看不起她，采取了逃避、压抑等不良应对方式，各种复杂的负面情绪全部积压在心里，却又不知道如何排解。引导她把内心的想法和感受说出来，排解不良情绪，是进行心理疏导的第一步。

2. 学会正确归因。小迪是理科生，按常理不应该高数连续两次考不及格，这也是她不能接受现实最主要的原因。尤其是自己在经过认真复习之后补考仍然没通过，使她对自己的能力深深产生了怀疑，认为高数考不过就是因为自己太笨，根本不去分析是不是学习方法不对。引导小迪走出高数阴影的重要一步是改变她的认知，引导她学会正确归因，高数不及格不是自己太笨，可能是学习方法不对。在这里可以使用心理咨询中的 ABC 理论进行心理疏导，引导她形成正确认知。

3. 探索学习方法。大学阶段的学习和高中有着明显的区别，高中阶段对知识的掌握主要靠老师的讲解和大量刷题，而大学的学习主要靠自学，老师课堂讲授的只是一部分，更多地需要自己主动学习，老师也不会布置很多作业让学生去刷题。而数学的学习和其他学科也有很大区别，除了课堂老师讲的内容要认真听之外，还需要自己在做题中去思考，学会举一反三。引导小迪适应大学的学习，掌握正确的学习方法，是帮助小迪走出高数阴影的关键一步。

4. 积极鼓励，重拾自信。改变一个人的认知仅靠几次谈心是难以取得很好效果的，要注重过程性教育，将心理疏导融入学生的成长过程中。要在班级内部营造积极向上的氛围，加强对小迪的关心关注，尤其是在她取得点滴进步的时候，一定要及时给予肯定和鼓励，引导她一点点重拾自信。自信是促使自我改变的强大动力。

（三）育人的过程及效果

对小迪的心理疏导和教育引导分为两个阶段：第一阶段是一个月内进行三次、每次 50 分钟左右的谈心谈话，重点是缓解不良情绪，激发对学习的兴趣；第二阶段是进行长期的关心关注与积极鼓励，引导她养成良好学习习惯，形成正确认知。

1. 第一阶段：谈心谈话。本阶段对小迪的心理疏导主要通过谈心谈话来进行。在找小迪谈心之前，通过小迪的室友和班级主要学生干部全面了解小迪的情况，制定详细的谈心方案，确保谈心能够取到应有的效果。

第一次谈心：主要是引导小迪把这段时间积压在内心的不良情绪宣泄出来，由小迪主述，笔者进行适当引导和鼓励。在这次谈心中，小迪谈了高中阶段自己取得的优异成绩，表达了上大学以后想通过努力学习取得好成绩，但事与愿违，居然高数考不及格，补考也没通过，对她打击特别大。小迪一直是哭着说的，大概说了有半个小时，其间笔者很少说话，只是给予眼神鼓励和点头认同。小迪说完之后长长舒了一口气，明显感觉整个人变得轻松了很多。然后，我们就高数没考及格这件事情进行了探讨，引导她学会正确归因，并布置了一个作业，让她总结高数没学好的原因，并找到解决办法，约定了第二次谈心的时间。

第二次谈心：第一次谈心之后，小迪情绪有了一定好转，脸上的笑容多了。到了第二次谈心约定的时间，小迪早早地来到了约定地点。首先，让她回答了第一次谈心结束时给她布置的作业。她说第一次高数没考及格，她觉得是自己不够努力学，认为只要自己努力了就一定没问题，于是一个暑假都在坚持学高数。高数补考没过，对她打击特别大，尤其是看到同学都没把补考放在心上，都没见怎么学就考过了，而自己付出了很大努力还没考过，她所能想到的就是因为自己太笨。但是经过上次谈心之后，她认真思考了一下，主要原因应该还是自己方法不对，学习效率不高。在补考前，虽然自己很用功学习，但是因为内心很焦虑，总担心补考不过，所以学习效率并不高。结果补考真的没过，她就接受不了了，然后就觉得是自己的原因，都那么努力学了还没过，肯定是自己不够聪明。但是现在她不这么认为了，对于理科生来讲，大学的高数并不是很难，如果方法对，肯定是能学好的。然后，我们一起探讨了大学学习和高中学习的区别，进一步总结学习高数的方法。这次谈话是在愉快的氛围中进行的，小迪也慢慢放下了心理包袱，开始正视自己的问题和面临的困难。最后，我依然给她布置了一个作业，就是让她用自己探索出来的学习方法去学习高数，半个月后我们再进行第三次谈心。

第三次谈心：半个月后，小迪如约而至，回顾了这半个月自己参加高数辅修课程学习的情况，整体来说还是比较轻松的，虽然还有不懂不会的，也会时常焦虑担心自己重修还考不过，但是不会像前段时间那样感觉毫无希望，认为只要努力学，调整好心态，考及格还是没有问题的。在这半个月的学习中，小迪认为自己的学习方法还是有一些问题，课堂上老师讲的内容都听懂了，但是做题的时候还是会做错，这使她很困惑，虽然不会像以前那样认为是自己太笨了学不会，但也会时不时怀疑自己的能力，她现在更多的时候会思考是不是自己的学习方法有问题。这期间她也向身边同学进行了讨教，也分析了自己的学习方法，并在努力改进。笔者对她的进步进行了表扬，尤其是主动向身边同学请教，然后就如何学好高数进行了深入探讨。在这次谈心过程中，虽然重点还是分析如何学好高数，但是更多的还是引导她进行合理认知，引导她正视自己的优点和缺点。

2. 第二阶段：重拾信心。经过三次谈心，小迪关于高数学习的问题得到初步解决，也基本形成了正确的认知，为了避免她过于依赖笔者的疏导，笔者及时中断了这种频率比较高的当面谈心。在第三次谈心之后，我们没有约定下一次谈心的时间，将当面谈心改为了网上谈心，随时有什么问题可以通过 QQ 进行联系。之后的一个学期，持续对小迪进行关心关注，对她的点滴进步及时给予肯定和鼓励。在期末考试前，和她进行了一次交流，她对高数充满信心，觉得自己肯定没问题，话语中透露出的自信让笔者很欣慰。考试成绩出来后，小迪重修的高数和本学期的高数都得到了很高的分数，小迪顺利从高数阴影中走了出来。

（四）分析与启示

对于学业困难学生，最重要的是要找到造成学业困难的真正原因，然后对症下药，制定有针对性的教育引导与心理疏导方案。在这个案例中，小迪只是因为连续两次遭受高数考试不及格的打击而对学习产生了恐惧、厌倦心理，解决这个问题的关键就是如何克服高数造成的心理阴影。在众多学业困难学生中，小迪的这种情况是非常常见的，因为一次或者多次遭受学业上的打击就变得一蹶不振，完全否定自我。学业上受挫只是诱因，真正的原因是不正确的自我认知与归因，所以要在帮助他们克服学业困难的同时，引导他们形成正确的自我认识，学会合理归因，并要帮助他们确立阶段性的学习目标，对于学习中获得的点滴进步进行及时鼓励，让他们逐渐对学习恢复兴趣和自信。

第四节　违纪学生

违纪学生是指因违反法律法规、校规校纪等法律和制度而受到纪律处分的在校学生。按照违纪行为的情节轻重，可以分为警告、严重警告、记过、留校察看、开除学籍等几种纪律处分。大学生常见的违纪行为主要有无故旷课、考试作弊、违反宿舍管理规定、扰乱校园管理秩序、毁坏公共设施、偷盗财物、打架斗殴等。虽然违纪学生在高校只是极少部分人，但却是高校教育管理中必须予以重视的一个特殊群体。他们的违纪行为大多是因为思想上重视不够，或一时情绪失控而造成行为失范，受到批评教育和纪律处分一般会有很强的悔恨心理，还有可能承受老师和同学们的异样眼光和讨论，容易诱发心理问题，甚至发生危机事件，成为影响高校安全稳定的潜在威胁。因此，违纪学生是高校心理育人的一个重要群体，要坚持以人为本的教育理念，坚持教育与管理相结合，坚持思想教育与心理疏导相结合，既要教育引导学生知错能改，又要疏导学生的不良情绪，促进学生的健康成长。

一、违纪学生存在的主要心理问题

违纪学生的心理是非常复杂的，常常是几种负面情绪的结合体，多种负面情绪的杂糅在一起，会引发很多心理问题，有的悔不当初，产生悔恨、自责心理，有的否定自我，产生失落、自暴自弃心理，有的不思悔改还责怪他人，从而产生逆反甚至报复心理等。

（一）悔恨心理

悔恨是对已经发生的事情产生的后悔和懊恼的情绪。大部分的违纪学生在行为失范后就已经有悔恨心理了，他们认为自己行为失当造成了违纪事实，对自己责备不已，真希望一切可以重来，内心还暗暗发誓以后绝对不能再发生类似事情。但是，值得注意的是，悔恨是一种模棱两可的情绪，既不同于轻度的羞愧心理，又不同于严重的忏悔心理，违纪者往往是在违纪事件发生后感到特别后悔和懊恼，但是这种后悔和懊恼可能存在两个倾向，既有可能是对没有严格要求自己、管控自己才造成行为失范而后悔，也有可能是对自己手段不够高明而责备自己，这在违纪学生的教育管理中要特别注意区分。比如，对于考试作弊学生，往往在被发现后非常懊悔，但是他们的懊悔既有可能是因为作弊行为而产生的愧疚和自责，也有可能是因为后悔自己作弊的手段太过于低级才会被发现，如果自己作弊的手段再高明一点、运气再好一点，可能就不会被发现了。这两种倾向在现实中都会存在，在教育引导中要注意区分。

（二）矛盾心理

矛盾心理是指对同一违纪行为会同时存在两种截然对立的态度和情绪。一般发生在违纪事件处理完之后，经过深入的批评教育和谈心谈话，违纪学生一般都能认识到自己的错误，也能较为理性地看待自己的违纪行为，并表示会好好努力，用实际行动来弥补错误。但是，这种理性、积极的状态很难保持持久，尤其是在遭遇挫折或者不顺的时候，又会自责懊恼、自暴自弃，重新回到违纪事件刚发生时的心理状态。这种既想接受事实又想逃避事实的矛盾心理，会使他们内心充满冲突，如果不能及时调整，不仅影响学习生活，还有可能产生心理问题。矛盾心理源自内心激烈的冲突，既想回避又不得不面对，既想努力又顾虑重重。受到违纪处分之后，违纪学生会自责、懊恼，悔不当初，内心暗暗发誓要积极进步，努力弥补自己的错误，但同时又会顾虑纪律处分对自己今后发展有不良影响，担心自己即使付出了很大努力也没用，在这样思前顾后、犹豫彷徨中浪费了时间，未能将积极行动付诸实施。想要追求进步的愿望与未付诸实施的现实之间的巨大差距，反过来又会使他们更加自卑和郁郁寡欢，更加否定自我，认为自己一无是处，极易造成破罐子破摔的消极心理。

（三）悲观心理

悲观是一种由于自我感觉失调而产生的不安情绪，主要表现为心理上的自我指责、安全感缺失、对预期的负性思维方式等。悲观心理的形成是一个长期的过程，在个体遭受打击和挫折时，如果不能正确面对，而是采用消极的应对方式，使个体长期适应欲求不满的状态而长期处于情绪的低水平活动中，久而久之就会形成思维惯性，变得麻木，缺乏改变环境的动力，以至于在遭受挫折时就会往最坏处想，失去积极行动的勇气和动力。一般而言，意志薄弱、生性胆怯、长期处于低水平情绪中的个体更容易产生悲观心理。悲观心理属于精神层面，是个体长期形成的应对方式，在这种负面情绪的影响下，会使人产生抑郁、狂躁、神经衰弱、患得患失等行为表现和器质性病变。违纪学生在受到纪律处分之后，如果本身意志力不够强，生性胆小怯懦，可能会更多陷于自我指责中来消极应对违纪事件，轻的会产生抑郁、精神恍惚、焦虑不安等消极情绪，认为自己总是很糟糕，一生注定一事无成，严重的会认为自己的人生因为这一件事情完全毁了，对个人发展完全丧失信心，甚至会引发自伤、自杀等校园危机事件。

（四）报复心理

报复心理是一种应对、反抗外部不利因素而产生的一种自我防御保护，一般是由于个体的利益因他人的行为遭受到了较大损害，所产生的想要对方给予相应的补偿、赔偿来弥补自己的利益损失，或者通过打击、损害他人利益来获得心理平衡的心理状态。个体在遭遇利益损害时，或多或少都会产生报复心理，大多数人会在经过冷静分析、理智思考后对报复心理自行进行调节，但还有一部分人会在报复心理驱动下无法控制自己的情绪，认为只有让对方付出比自己利益损失更大的代价才能平复内心的怒火，在这种情绪的驱动下，容易引发攻击性的报复行为，发生打人伤人等恶性事件。具有心胸狭窄、情绪易激动等个性特征的个体在遭受违纪处分后容易引发报复心理。比如，有些考试作弊的学生，被纪律处分之后，不从自身找原因，而是将自己犯错误的原因归结为外在的客观原因，认为是监考老师或者学生管理人员的错或者不作为造成了自己受处分的事实。甚至认为，如果监考老师不上报，如果学生管理人员能够多替他说好话，他就不会受到处分。这种不正确的归因方式使他认为别人应该为自己的错误买单，这种错误的认知导致情绪久久不能平复，容易将心中的怒火转发至监考老师或者学生管理人员身上，产生报复心理和攻击行为。

二、违纪学生心理育人的主要措施

对于违纪学生，要本着“不抛弃，不放弃”的教育理念，将管理育人与心理育人有效结合，既要通过教育管理使之认识到错误并积极改正，还要加强心理疏导与引导，及时疏解其不良情绪，使学生尽快恢复正常的学习生活，防止危机事件的发生。

（一）将管理育人与心理育人有机结合

落实立德树人根本任务，管理育人是一个重要环节，对违纪学生进行纪律处分是贯彻落实管理育人的一个重要的方法。通过纪律处分，可以使违纪学生更深刻认识到错误，防止以后再犯类似错误，对违纪学生的纪律处分也是对其他学生的一个警示教育。但是，管理育人的核心是育人，管理只是实现育人目的的手段和方法，因此，在管理育人过程中要始终坚持以学生为中心，要在尊重学生、理解学生、关爱学生中，把规范管理的严格要求与春风化雨、润物无声的教育方式结合起来，使学生在现代化管理方式中健康成长。

“00 后”大学生已经成为当代在校大学生的主体，他们出生于我国更为开放的社会环境，物质生活极大丰富，生活中的衣食无忧使他们较少遭受生活的磨难和挫折。他们大多成长于独生子女家庭，从小便是家庭的核心，在性格上更加自我，进入大学才是独立生活的开始，极易因为自我控制能力差而犯错误，在受到纪律处分后又容易引发各种心理问题。因此，对于违纪学生，既要做好管理育人，还要做好心理育人，要始终围绕育人这一中心任务，将管理育人与心理育人有机结合，协同推进育人工作的有效开展，合力促进教育目标的实现。

（二）要以促进思想转化为核心

思想转化的含义有广义和狭义之分。从广义上讲，思想转化指的是在外在环境和教育的影响下个体内在变化引起的思想转变；从狭义上讲，专指在思想政治教育过程中，教育者通过思想教育、心理疏导等多种教育方式，促进教育者内在思想观念逐步转化到教育者所要求的轨道上来。违纪学生教育管理的难点就是思想转化，就是通过教育者的教育引导和心理疏导，使学生的思想观念发生转变，心理状态恢复平衡，促进其健康成长。因此，促进违纪学生思想转化是对违纪学生进行教育引导的难点和关键点。

实现违纪学生的思想转化，要注意把握思想转化的方向、强度，要将心理疏导与思想教育、与教育管理有机融合。一要理解学生，从学生角度去分析违纪行为发生的原因。只有理解学生，才能赢得学生的信任，才能挖出违纪行为发生的根源。值得注意的是，从学生角度分析违纪行为发生的原因不代表认同学生的违纪行为，要做好区分。二要尊重学生，在对违纪学生进行批评教育时，要充分考虑学生的感受，不能因为学生的一个错误就全盘否定学生，要始终坚持以教育为中心，给学生改过自新的机会。三要因人而异，对不同违纪学生的不同违纪行为制定个性化的思想转化和教育引导方案。不同违纪行为的动机和表现不同，同一违纪行为的动机和表现因个体个性特征的不同也存在一定的差异，因此要充分考虑每个违纪学生的违纪行为的特殊性，有针对性地制定思想转化的教育引导策略，只有这样才能促进思想有效转化。

（三）要以重拾自信为重点

自信是个体对自身的一种积极肯定的评价，是发自内心地对自己的积极认可。从这一意义上讲，自信是促进个体不断努力行为、实现个体目标的动力源泉。如果个体有足够的自信，就会使个体在追求目标的过程中能够坦然面对各种挫折和磨难，并百折不挠地朝着目标不断努力，直至实现目标。如果个体不够自信，在追求目标的过程中就会表现得犹豫不决，在遭遇困难和挫折时会首先怀疑自己的能力，将失败归咎于个人能力不足，进而怀疑自己的目标制定不够合理，会降低目标甚至更改目标，最终导致原定目标不能得以实现。

对于违纪学生而言，纪律处分可能是有生以来最重的挫折和打击，如果没有足够的自信作为支撑，极易产生自暴自弃，因此，在对违纪学生的心理疏导和思想教育中，最重要的一点就是防止学生产生自暴自弃的心理，要及时引导学生重拾自信。一要加强引导，挖掘学生的优点。在学生受到纪律处分之后，极易产生悲观、失望、自责、懊恼等负面情绪，而这些情绪都是针对自己的，这些负性情绪的大量堆积和不及时缓解，会使他们全面否定自己。要促进违纪学生重拾信心，首先就是要引导他们正确面对违纪事件，形成合理的自我认知，既要看到自己的缺点，深刻反思造成错误的根本原因，但也要看到自己的优点，不能因为一次错误就全盘否定自己。只有形成合理的正确认知，才能弥补缺点，发扬优势，从而成为更好的自己。二要积极鼓励，注重过程性教育。促进违纪学生思想转化不是一蹴而就的，而是一个相对比较长期的思想教育和引导过程。要加强对违纪学生的关心关注和后续的跟踪教育，及时进行心理疏导和教育引导，既要疏导其不良情绪，还要教育引导学生从失败中总结经验教训。对于有自暴自弃倾向的学生，要对学生的进步进行肯定和鼓励，促使违纪学生逐渐重拾自信。

三、违纪学生心理育人个案分析①

（一）案例基本情况

小伟（化名），男，大一学生，学生干部，在期末考试中因夹带被发现。按照学校相关规定，考试作弊者将不授予学位。事发后，小伟非常懊悔，情绪紧张、不安，显得手足无措，第一时间向笔者求助。小伟作为学

① 根据学生工作案例《给我一个机会，还你一个惊喜——一名违纪学生的思想转化过程》改编而成，此案例荣获 2015 年信阳师范学院学生工作案例一等奖。

生干部，对工作非常投入，期末考试前几天还在做活动策划。随着考试的临近，内心越来越焦虑，越急越学不进去，非常担心考试挂科，觉得学生干部挂科不仅很没面子，而且还会影响今后的发展，权衡之下决定铤而走险，抱着侥幸心理在考试中夹带小抄，觉得自己不一定会被发现，却没想到开考没多久就被发现了。现在非常后悔和懊恼，甚至痛恨自己，觉得自己无能，如今才大一，今后三年的大学不知还有什么意义，甚至产生了退学的思想。

（二）育人方案制定

对于违纪学生的处理，需要把握好管理学的刚性和心理学的柔性，既要当好管理者，本着惩前毖后的原则进行批评教育，避免同样的错误再次发生，更要当好教育者，要坚持以人为本原则，给予学生改正错误的机会，引导学生健康成长。对于违纪学生的教育，一定要掌握好时机，采取恰当的方式，如果处理不当，不仅难以达到良好的教育效果，甚至有可能引发心理危机事件。

针对小伟违纪行为的教育引导，主要从以下四个方面着手。

一是从管理者的角度，按照相关规定对违纪学生进行违纪处理，向违纪学生陈述事实及其可能会出现的结果和影响，引导违纪学生理性认识事件的性质及后果。作为成年人，必须学会为自己所犯的错误负责，逃避解决不了问题，这是人生中必须要开展的教育。

二是从教育者的角度，教育引导学生正确看待违纪事件，认真反思自己的错误，要对所犯错误能有深刻认识，避免今后再犯类似错误。同时，将此事件作为反面典型案例做好团体教育工作。

三是做好违纪学生的心理疏导，避免出现心理危机事件。对于大多数的学生来讲，人生中基本上没有遭受过什么大的挫折，因此在面对考试作弊这类重大违纪事件时，可能会出现难以接受、行为反常等问题，极易引发心理危机事件。因此，在对违纪学生进行批评教育和违纪行为处理的同时，还必须做好违纪学生的心理危机预防和干预工作。

四是加强关心关注，注重做好违纪学生的思想转化，以违纪事件为契机做好挫折教育。为避免违纪学生过分自我否定，出现“破罐子破摔”现象，要加强对违纪学生的关心关注，积极挖掘他们身上的闪光点，加强指导和帮助，鼓励其重拾信心，实现违纪学生的思想转化。

（三）育人过程及效果

依据制定的育人方案，对违纪学生开展教育引导，促进其思想转化，具体过程如下。

1. 稳定学生情绪，引导学生理性面对违纪事件。事发后，小伟第一时间来找笔者，陈述事件经过。小伟的情绪非常低落，显得很紧张，有点手足所措。作为辅导员，虽然在得知这个消息时非常生气，怒其不争，但笔者深知生气对于解决问题一点作用没有，还会起反作用，当下最重要的是要稳定学生情绪，引导学生理性面对这个问题。因此，笔者控制住自己的情绪，对紧张不安的小伟先进行安慰，对于已经发生了的事情，无论现在如何后悔和懊恼，都于事无补，事情既然已经发生了，就应该坦然面对，在好好准备接下来的考试的同时，想想有没有什么可以弥补错误的方法。

2. 按照处理程序，协助完成违纪事件的处理。在学生情绪稳定后，按照学校相关管理规定，协助教学管理部门和学生管理部门做好违纪事件的处理，确保违纪事件处理事实依据清楚，处理程序合理合规。在此过程中，一直积极关注小伟的情绪反应，既要保证违纪事件按照正常程序进行，还要保证小伟的积极配合。正值学生考试期间，以此事件为契机对学生进行纪律教育更能收到良好效果，在和小伟沟通之后，将此事件通报给其他班级，及时对全院学生进行团体教育。

3. 对违纪学生加强关注，做好危机干预。在学生重大违纪事件发生后的1～3天，违纪学生会因为思想上的波动出现情绪反复无常，极易引发心理危机事件。因此，当小伟能够很快平复不安、紧张的情绪，按照规定流程配合完成违纪事件的处理之后，笔者反而更加紧张。约谈了小伟的室友和班级主要学生干部，要求他们密切关注小伟的言行举止，要保证小伟身边一直有人和他在一起，防止危机事件发生。

4. 全方位了解违纪学生，进行深入细致的谈心。向小伟的室友、同学等全面了解小伟的性格、爱好、特长等，总结小伟的优点、缺点，为后面的谈心做好充分准备。期末考试结束后，和小伟进行了一次深入谈心，对他入学以来在工作、学习等方面取得的成绩进行充分肯定，对本次违纪事件进行剖析，了解他对于此次事件的感受、今后的打算。谈话中对于他正确的想法给予肯定，多次强调他的优点与特长，积极鼓励他用实际行动弥补所犯的错误。谈心最后，布置一个思考题：今后的大学生活有什么打算？

5. 挖掘闪光点，加强指导，做好思想转化。新学期开学之后，笔者和小伟进行了多次的面对面交流，关注他的思想变化，聆听他关于大学生活的规划，除了对他继续进行鼓励之外，更注重挖掘他身上的闪光点。经过几次交流，我发现他具备创业者的潜质，眼光敏锐，思维独到，且敢于冒险。在这个过程中，动员小伟身边的同学和朋友多关心小伟，不断扩大他的社会支持体系，让他感受到希望与爱。结合他的优势和兴趣，积极鼓励他参加各类大学生创新创业类比赛和项目申报，并悉心指导。很快，他的优势就得到了充分展现，在学校的创新创业大赛中脱颖而出，代表学校参加省里比赛，获得铜奖，随后又顺利入驻学校大学生创业基地，申报获批了全国大学生创新创业项目。小伟彻底走出了违纪的阴影，学习生活逐渐走上了正常，大三暑假开始正式创业，大学毕业时还考上了硕士研究生。

（四）分析与启示

虽然违纪学生只是高校学生群体中的少数人，但从高校育人的角度看，促进所有学生的全面发展是我们的教育目的。做好违纪学生的思想转化，促进他们的全面发展，是高校育人工作应有之义。做好违纪学生的思想转化，还能有效消除学校管理中的安全隐患，推动整个学校良好校风的形成。因此，开展违纪学生思想教育转化是非常必要的，要本着对违纪学生“不抛弃、不放弃”的教育理念，把对学生的教育与管理结合起来，把学生的思想教育与心理疏导结合起来，多措并举促进学生发生思想转化。一般而言，学生违纪后往往会存在着排斥、抵触的心理，传统的说教方式很难真正打动学生，只有从学生实际出发，根据每个学生的不同特点开展有针对性的教育引导，才能切实起到作用。更为重要的是，违纪学生的教育涉及心理辅导、思想道德教育、法制教育等方面，要求教育者不仅要有爱心和耐心，还要有相关领域的专业知识和经验，因此在个人力量有限时，可以调动多方力量一起关注和参与，如心理辅导中心的心理疏导、学生管理部门的教育管理等，同时，也不能忽略家庭教育和朋辈教育的力量。

参考文献

一、经典著作及文献

1. 本书编写组：《习近平总书记教育重要论述讲义》，高等教育出版社2020年版。

2. 《邓小平文选》第3卷，人民出版社1993年版。

3. 《邓小平文选》第1~2卷，人民出版社1994年版。

4. 《国家中长期教育改革和发展规划纲要（2010—2020年）》，《人民日报》2010年7月30日。

5. 《胡锦涛文选》第1~3卷，人民出版社2016年版。

6. 《江泽民文选》第1~3卷，人民出版社2006年版。

7. 教育部课题组：《深入学习习近平关于教育的重要论述》，人民出版社2019年版。

8. 《马克思恩格斯选集》第1~4卷，人民出版社2012年版。

9. 马克思：《1844年经济学哲学手稿》，人民出版社2000年版。

10. 《毛泽东选集》第1~4卷，人民出版社1991年版。

11. 《十八大以来重要文献选编》（上），中央文献出版社2014年版。

12. 《十九大以来重要文献选编》（上），中央文献出版社2019年版。

13. 《十六大以来重要文献选编》（中），中央文献出版社2006年版。

14. 教育部思想政治工作司：《加强和改进大学生思想政治教育重要文献选编（1978—2014）》，知识产权出版社2015年版。

15. 中共中央文献研究室：《习近平关于青少年和共青团工作论述摘编》，中央文献出版社2017年版。

16. 习近平：《论党的宣传思想工作》，中央文献出版社2020年版。

17.《习近平谈治国理政》第二卷，外文出版社 2017 年版。

18.《习近平谈治国理政》第三卷，外文出版社 2020 年版。

19.《习近平谈治国理政》第一卷，外文出版社 2014 年版。

20.《习近平在全国高校思想政治工作会议上强调：把思想政治工作贯穿教育教学全过程开创我国高等教育事业发展新局面》，《人民日报》2016 年 12 月 9 日。

21.《习近平在全国教育大会上强调：坚持中国特色社会主义教育发展道路　培养德智体美劳全面发展的社会主义建设者和接班人》，《人民日报》2018 年 9 月 11 日。

22. 中共教育部党组：《高等学校学生心理健康教育指导纲要》，中华人民共和国教育部网站，2018 年 7 月 13 日。

23. 中共教育部党组：《高校思想政治工作质量提升工程实施纲要》，中华人民共和国教育部网站，2017 年 12 月 4 日。

24.《中华人民共和国精神卫生法》，中国人大网，2018 年 6 月 12 日。

二、中文专著及外文译注

1. 编写组：《思想政治教育学原理》（第二版），高等教育出版社 2016 年版。

2. 曹清燕：《思想政治教育目的研究——基于马克思主义人学视角》，中国社会科学出版社 2011 年版。

3. 陈万柏、张耀灿：《思想政治教育学原理》，高等教育出版社 2007 年版。

4. 丛立新：《学校心理健康教育》，人民教育出版社 2001 年版。

5. 崔景贵：《心理教育范式论纲》，社会科学文献出版社 2007 年版。

6. ［德］鲁道夫・奥伊肯：《生活的意义与价值》，万以译，上海译文出版社 1997 年版。

7. ［德］孙志文：《现代人的焦虑和希望》，陈永禹译，三联书店 1994 年版。

8. 邓军等：《高校思想政治工作质量提升理论与实践（心理育人卷）》，广西师范大学出版社 2020 年版。

9. 樊富珉：《大学生心理健康教育研究》，清华大学出版社 2002 年版。

10. 冯刚、王树荫：《思想政治教育研究热点年度发布（2017）》，团结出版社 2018 年版。

11. 侯玉波：《社会心理学》，北京大学出版社 2013 年版。

12. 胡启先、易法建等：《当代大学生社会心理问题及其对策》，江西人民出版社 1998 年版。

13. 黄希庭、郑涌：《大学生心理健康教育》，华东师范大学出版社 2009 年版。

14. 黄希庭、郑涌：《当代中国大学生心理特点与教育》，上海教育出版社 1999 年版。

15. 教育部思政工作司编：《大学生心理健康教育读本》，高等教育出版社 2007 年版。

16. 联合国教科文组织：《为了 21 世纪的教育》，王晓辉等译，教育科学出版社 2001 年版。

17. 林崇德：《发展心理学》，人民教育出版社 2008 年版。

18. 林泰：《问道——改革开放以来的社会思潮与青年思想政治教育研究》，中国社会科学出版社 2013 年版。

19. 刘宏达、万美容等：《高校思想政治工作前沿问题研究》，人民出版社 2019 年版。

20. 刘翔平：《学校心理学——学生心理教育评估与干预》，世界图书出版社 2001 年版。

21. 鲁洁、王逢贤：《德育新论》，江苏教育出版社 2010 年版。

22. 罗国杰：《伦理学》，人民出版社 1989 年版。

23. 罗洪铁等：《大学生成才理论与实践》，人民出版社 2010 年版。

24. 马建青：《高校心理健康教育与思想政治教育结合 30 年的研究》，浙江大学出版社 2017 年版。

25. 马绍斌：《心理保健》，暨南大学出版社 1995 年版。

26. ［美］弗兰克·丁布鲁诺：《通向心理健康的 7 条路》，王晶译，上海文化出版社 1988 年版。

27. 钱铭怡：《心理咨询与心理治疗》，北京大学出版社 1994 年版。

28. 佘双好：《心理咨询与心理健康教育》，中国人民大学出版社 2007 年版。

29. 石加友、朱卫嘉：《让心灵追上人生的脚步——高校心理育人模式建构与实践》，电子科技大学出版社 2020 年版。

30. 涂艳国：《走向自由——教育与人的发展问题研究》，华中师范大学出版社 1999 年版。

31. 王立仁：《德育价值论》，中国社会科学出版社 2004 年版。

32. 伍褛祁：《思想政治教育人文关怀论》，中国社会出版社 2007 年版。

33. 夏正江：《教育理论哲学基础的反思——关于“人”的问题》，上海教育出版社 2001 年版。

34. 项久雨：《思想政治教育价值论》，中国社会科学出版社 2003 年版。

35. 肖川：《教育的理想与信念》，岳麓书社 2002 年版。

36. 徐建军：《构建大学生心理健康教育体系的研究与实践》，中南大学出版社 2004 年版。

37. 杨德广：《中国高等教育改革的实践与发展趋势》，同济大学出版社 1990 年版。

38. 杨鑫铨等：《思想政治教育人性走向：人文关怀与心理疏导一体化研究》，光明日报出版社 2017 年版。

39. 杨芷英：《思想政治教育心理学（第二版）》，中国人民大学出版社 2019 年版。

40. 姚本先：《学校心理健康教育——理论研究与实践探索的整合》，安徽大学出版社 2008 年版。

41. 张大均、邓卓明：《大学生心理健康教育——诊断、训练、适应、发展》，西南师范大学出版社 2004 年版。

42. 张小乔：《心理咨询治疗与测验》，中国人民大学出版社 1992 年版。

43. 张耀灿、郑永廷、吴潜涛等：《现代思想政治教育学》，人民出版社 2007 年版。

44. 张耀灿：《中国共产党思想政治教育史论》，高等教育出版社 2006 年版。

45. 郑和钧：《学校心育系统协同构建的理论与实践》，湖南师范大学出版社 2000 年版。

46. 郑永廷等：《思想政治教育方法论》，高等教育出版社 2010 年版。

47. 朱小蔓：《教育的问题与挑战——思想的回应》，南京师范大学出版社 2000 年版。

三、学术论文

（一）博士、硕士学位论文

1. 陈新星：《高校辅导员开展大学生心理健康教育研究》，福建师范大学博士学位论文，2016 年。

2. 杜亚男：《高校心理健康教育与思想政治教育结合 30 年得失研究》，浙江大学硕士学位论文，2017 年。

3. 郭栋：《心理健康教育对高校思想政治教育的影响和启示》，浙江大学硕士学位论文，2017 年。

4. 何思彤：《多元文化框架下高校心理健康教育研究的转换》，吉林大学博士学位论文，2018 年。

5. 黄代翠：《心理健康教育辩证法研究》，武汉大学博士学位论文，2012 年。

6. 黄颖娜：《论价值观教育与青年健康心理人格的塑造》，清华大学博士学位论文，2015 年。

7. 李硕：《从“问心”到“问道”——我国高校心理健康教育的发展嬗变研究》，浙江大学硕士学位论文，2020 年。

8. 卢爱新：《我国大学生心理健康教育发展研究》，华中师范大学博士学位论文，2007 年。

9. 任俊：《积极心理学思想的理论研究》，南京师范大学博士学位论文，2006 年。

10. 王缓缓：《新时代高校提升心理育人质量研究》，浙江工商大学硕士学位论文，2020 年。

11. 吴微：《改革开放以来大学生思想变化轨迹与规律的研究》，东北林业大学博士学位论文，2011 年。

12. 吴霞：《改革开放以来大学生心理健康教育研究》，西南大学博士学位论文，2015 年。

13. 徐红梅：《思想政治教育视域下大学生理性平和的健康心态培育研究》，西南石油大学硕士学位论文，2018 年。

14. 许红霞：《大学生健康心态培育研究》，辽宁大学硕士学位论文，2018 年。

15. 张曼华：《思想政治教育的心理疏导功能及其实现》，浙江大学硕士学位论文，2014 年。

16. 张卫平：《大学生心理健康教育德育功能研究》，辽宁大学博士学位论文，2015 年。

17. 张玉杰：《心理健康教育在大学生思想政治教育中的功能及实现》，河北师范大学博士学位论文，2018 年。

（二）学术期刊及报纸论文

1. 陈红艳、程利娜：《个体心理学视域下贫困生积极心理教育》，《教育评论》2018 年第 1 期。

2. 陈虹、潘玉腾：《立德树人视域下高校心理育人价值及其实现路径》，《思想理论教育》2019 年第 5 期。

3. 陈虹：《新时代高校心理育人内涵、困境与应对》，《思想理论教育导刊》2019 年第 7 期。

4. 陈华：《试论心理健康教育的思想政治教育功能》，《毛泽东思想研究》2006 年第 3 期。

5. 陈新星：《以核心价值观引领大学生心理健康教育》，《福建师范大学学报（哲学社会科学版）》2015 年第 4 期。

6. 崔景贵：《我国高校心理健康教育存在的三大问题》，《江苏高教》2004 年第 4 期。

7. 崔景贵：《学校心理教师专业化发展的心理问题与角色定位》，《中小学心理健康教育》2008 年第 24 期。

8. 丁闽江、苏婷茹：《大学生心理健康素养现状分析及提升策略》，《扬州大学学报（高教研究版）》2020 年第 2 期。

9. 董祥宾：《当代大学生人生观基本状况调查分析》，《思想理论教育》2018 年第 2 期。

10. 杜玉波：《要推动高校学生心理健康教育科学发展》，《中国教育报》2011 年 3 月 13 日。

11. 樊富珉：《我国高校心理咨询活动的回顾与展望》，《青年研究》1993 年第 4 期。

12. 方鸿志、潘思雨：《改革开放 40 年来我国大学生心理健康教育的发展及趋势》，《当代教育科学》2019 年第 8 期。

13. 方晓义、袁晓娇等：《中国大学生心理健康筛查量表的编制》，《心理行为与研究》2018 年第 16 卷。

14. 方晓义、袁晓娇、胡伟、邓林园、蔺秀云：《中国大学生心理健康筛查量表的编制》，《心理与行为研究》2018 年第 1 期。

15. 冯刚：《狠抓落实 扎实推进 深入实施“大学生心理健康素质提升计划”》，《学校党建与思想教育》2015 年第 4 期。

16. 冯刚：《坚持立德树人 注重提升质量 扎实推进大学生心理健康教育工作创新发展》，《思想政治教育研究》2014 年第 1 期。

17. 侯玉波、朱滢：《文化对中国人思维方式的影响》，《心理学报》2002 年第 1 期。

18. 胡博：《让信仰生长：“空心病”现象背后的教育回归问题探析》，《兰州教育学院学报》2017 年第 6 期。

19. 胡寒春、黄建榕：《高校德育与心理健康教育的融合共生路径探讨》，《思想教育研究》2017 年第 12 期。

20. 胡凯：《建立中国特色的大学生心理健康教育模式的思考》，《中南大学学报（社会科学版）》2005 年第 11 期。

21. 季丹丹、郝乐祥：《心理健康教育在高校德育中的地位与作用探析》，《思想政治教育研究》2006 年第 1 期。

22. 江光荣、任志洪：《基于 CIPP 模式的学校心理健康教育评价指标构建》，《教育研究与实验》2011 年第 4 期。

23. 江立成、魏婷：《我国高校大学生心理健康教育现状与发展趋势》，《合肥工业大学学报（社会科学版）》2007 年第 3 期。

24. 姜巧玲、胡凯：《高校心理咨询：网上与网下“二元结构”模式研究》，《江苏高教》2012 年第 2 期。

25. 蒋德勤：《大学生心理健康教育的问题与对策》，《思想教育研究》2009 年第 12 期。

26. 金洪源：《心理健康教育的科学化、实效化及其发展》，《中小学心理健康教育》2017 年第 20 期。

27. 康钊、万龙：《心理健康教育教师专业发展的困境与出路》，《教师教育研究》2017 年第 3 期。

28. 李乃福、吴朝国、王如高：《市场经济条件下大学生价值观的新特点》，《江苏高教》1994 年第 2 期。

29. 李维意：《大学生心理健康调查》，《青年研究》1995 年第 2 期。

30. 李晓宏：《精神疾病列疾病总负担之首》，《人民日报》2016 年 10 月 11 日。

31. 林崇德、李虹等：《科学地理解心理健康与心理健康教育》，《陕西师范大学学报（哲学社会科学版）》2003 年第 5 期。

32. 林崇德：《培养学生非智力因素也是德育的一个环节》，《思想政治课教学》1996 年第 4 期。

33. 刘德寰、杨力伟：《改革开放对大学生价值观念的影响》，《青年研究》1992 年第 1 期。

34. 刘瑞、周海亮：《以立德树人为根基的高校“三全育人”工作机制建构研究》，《学校党建与思想教育》2019 年第 2 期。

35. 刘晓明、王丽荣：《视域融合：心理教育中的价值中立与价值蕴涵》，《心理发展与教育》2005 年第 1 期。

36. 刘衍玲、潘彦谷、唐凌：《基于心理素质培养的大学生心理健康教育课程体系建构》，《西南大学学报（社会科学版）》2014 年第 3 期。

37. 刘洋：《思想政治教育视阈下心理疏导存在的误区及途径探析》，《思想理论教育导刊》2019 年第 7 期。

38. 卢爱新：《对我国高校心理育人本土化模式发展的思考》，《学校党建与思想教育》2020 年第 16 期。

39. 卢爱新：《论改革开放以来政策推动下的高校心理健康教育发展》，《学校党建与思想教育》2019 年第 5 期。

40. 卢爱新：《论高校寝室心理场的建构》，《学校党建与思想教育》2010 年第 7 期。

41. 鲁克成、李兰云：《高校心理健康教育必须走专业化之路》，《思想理论教育》2007 年第 9 期。

42. 吕小亮：《“00 后”大学生思想行为特质及其培养对策》，《当代青年研究》2019 年第 5 期。

43. 马建青：《从障碍性咨询到发展性咨询——我国高校心理咨询发展述评》，《当代青年研究》1992 年第 6 期。

44. 马建青：《发展性咨询：学校心理咨询的基本模式》，《当代青年研究》1995 年第 5 期。

45. 马建青、石变梅：《30 年来高校思想政治教育对心理健康教育发展的影响探析》，《思想理论教育》2018 年第 1 期。

46. 马建青、石变梅：《30 年来高校心理健康教育对思想政治教育的影响分析》，《学校党建与思想教育》2017 年第 10 期。

47. 马建青、杨肖：《心理育人的内涵、功能与实施》，《思想理论教育》2018 年第 9 期。

48. 马前广：《高校心理健康教育课程建设现状及对策思考》，《思想理论教育》2013 年第 10 期。

49. 马喜亭、刘立新：《〈精神卫生法〉规制下的高校心理健康教育工作格局》，《思想理论教育》2017 年第 12 期。

50. 梅萍：《论新时代高校全员心理育人模式的建构与实施》，《思想理论教育》2019 年第 12 期。

51. 梅萍：《新时代思想政治教育心理疏导的发展走向探析》，《马克思主义研究》2019 年第 7 期。

52. 孟万金：《积极心理健康教育为立德树人提供精神支柱》，《中国德育》2016 年第 4 期。

53. 潘莉、董梅昊：《高校心理育人面临的现实难题及其突破》，《思想理论教育》2019 年第 3 期。

54. 裴学进等：《改革开放以来大学生心理健康教育的发展脉络与启迪》，《中国高教研究》2009 年第 9 期。

55. 钱铭怡：《借鉴国外经验有效开展心理健康教育》，《中国高等教育》2002 年第 11 期。

56. 邵艳等：《国外大学生心理健康教育的特点及模式》，《北京教育》2012 年第 3 期。

57. 佘双好、卢爱新：《探索基于思想政治教育的大学生心理健康教育模式》，《学校党建与思想教育》2008 年第 5 期。

58. 佘双好：《心理健康教育何以成为思想政治教育的研究领域》，《马克思主义研究》2007 年第 3 期。

59. 佘双好：《中国高校心理健康教育模式的生成与发展》，《学校党建与思想教育》2016 年第 7 期。

60. 沈德立、梁宝勇：《中国大学生心理健康教育创新体系的构建》，《心理学（人大复印资料）》2007 年第 2 期。

61. 沈晓梅：《网络文化背景下高校学生心理能量正向转化的教育机制探索》，《学校党建与思想教育》2013 年第 27 期。

62. 沈壮海、董祥宾：《论新时代高校思想政治工作质量的提升》，《思想理论教育》2018 年第 8 期。

63. 石变梅、马建青：《协同创新：高校心理健康教育与思想政治教育结合的发展之路》，《学校党建与思想教育》2018 年第 6 期。

64. 石国兴：《心理健康教育在全面发展教育中的地位与作用》，《中国教育学刊》2000 年第 2 期。

65. 苏国红、李卫华、吴超：《习近平“立德树人”教育思想的主要内涵及其实践要求》，《思想理论教育导刊》2018 年第 3 期。

66. 谭秀森：《论高校立德树人根本任务的实现机制》，《思想教育研究》2013 年第 11 期。

67. 唐春红：《我国高校心理健康教育的回顾与展望》，《湖北社会科学》2013 年第 6 期。

68. 唐玮：《心理健康与思想政治教育的差异及融合》，《中学政治教学参考》2021 年第 14 期。

69. 王东莉、马建青：《人文关怀——学校心理咨询的核心理念》，《当代青年研究》2005 年第 5 期。

70. 王芳：《交织的张力——后现代主义思潮与青年价值冲突》，《当代青年研究》2003 年第 1 期。

71. 王建军：《论德育与心育的渗透与融合》，《高教探索》1999 年第 4 期。

72. 王品卿：《新媒体时代高校辅导员心理育人的路径探析》，《闽南师范大学学报（哲学社会科学版）》2017 年第 3 期。

73. 王荣、滕飞：《融合心理健康教育的思想政治教育路径探究》，《思想政治教育》2015 年第 3 期。

74. 王帅：《改革开放以来大学生思想热点变化的特点与规律》，《思想理论教育》2018 年第 9 期。

75. 吴九君：《系统思维视域下高校心理育人的实践反思与优化路径》，《黑龙江高教研究》2021 年第 1 期。

76. 吴小英：《青年研究的代际更替级现状解析（上）》，《青年研究》2012 年第 4 期。

77. 吴小英：《青年研究的代际更替级现状解析（下）》，《青年研究》2012 年第 5 期。

78. 吴晓义、缴润凯：《转型时期的信仰缺失及其对个体心理健康的影响》，《东北师范大学学报（哲学社会科学版）》2006 年第 1 期。

79. 徐辉：《马克思主义信仰与心理健康的关系研究》，《思想理论教育导刊》2014 年 6 月。

80. 徐伟、王云峰：《高校思想政治教育与心理健康教育的深度融合——基于意识结构的视角》，《湖北社会科学》2018 年第 4 期。

81. 徐英善：《改革开放二十年大学生政治思想轨迹探析》，《清华大学教育研究》1999 年 3 月。

82. 严亮、彭珍真：《“00 后”大学新生心理素质能力自我评定研究》，《学校党建与思想教育》2019 年第 22 期。

83. 杨俊丽：《浅论新时期大学生健康人格的培养》，《思想理论教育导刊》2013 年第 9 期。

84. 杨宜音：《社会心理领域的价值观研究述要》，《中国社会科学》1998 年第 2 期。

85. 杨卓：《高等学校要重视大学生的心理健康》，《上海高教研究》1988 年第 12 期。

86. 姚本先：《新时期大学生价值观演变的轨迹、特点及原因》，《高等教育研究》2007 年第 8 期。

87. 俞国良、琚运婷：《我国心理健康教育政策的历史进程分析与启示》，《中国教育学刊》2018 年第 10 期。

88. 俞国良、李天然：《社会转型中青少年心理健康的结构与特点探索》，《西南民族大学学报（人文社会科学版）》2016 年第 8 期。

89. 俞国良：《社会转型期大学生心理健康教育观念的思考》，《黑龙江高教研究》2017 年第 3 期。

90. 俞国良：《社会转型期大学生心理健康教育观念的再思考》，《黑龙江高教研究》2017 年第 4 期。

91. 张大均、王鑫强：《心理健康与心理素质的关系：内涵结构分析》，《西南大学学报（社会科学版）2012 年第 3 期。

92. 张海霞：《朋辈帮扶方式在贫困生“心理脱贫”上的探析》，《广西青年干部学院学报》2015 年第 12 期。

93. 张莉、邓国锋：《试论心理咨询法在大学生思想政治教育中的运用》，《学校党建与思想教育》2018 年第 5 期。

94. 张楠、杨夫腾：《当代中国社会转型时期下青年学生精神生活的几点思考——从大学校园的“空心病”现象谈起》，《湖北社会科学》2017年第10期。

95. 章少哨：《高校心理健康教育育人功能实现的实然困境与应然路径》，《学校党建与思想教育》2020年第6期。

96. 郑丹凤、王涛：《“三全育人”视域下高校心理健康教育工作探析》，《学校党建与思想教育》2021年第1期。

97. 仲玉英：《开展心理咨询培养健康人格——华东师大心理咨询室工作回顾与思考》，《思想·理论·教育》1995年第1期。

后 记

“思想的田野，如果科学真理不去占领，就会杂草丛生；心灵的空间，如果阳光雨露不去播撒，就会阴暗笼罩。”将心理健康教育与思想政治教育有机融合，是全面提升育人质量的重要途径。自硕士阶段开始，我就关注心理健康教育与思想政治教育有机融合问题研究。2005 年硕士毕业后一直在高校担任一线辅导员，参加各类心理健康教育与心理咨询、心理危机干预等内容的教育培训，主讲《大学生心理健康教育》课程，担任学校大学生心理辅导中心咨询教师，在工作中不断尝试将心理健康教育的理论、心理咨询的方法等运用于思想政治教育之中，积极探索心理健康教育与思想政治教育有机融合的实践路径，逐渐形成具有个人风格的思想政治教育模式，撰写的工作案例也多次在省级和校级辅导员工作案例征集中获奖。对于心理健康教育与思想政治教育融合发展的理论研究、工作思考与实践探索为本书的撰写奠定了前期基础。

2017 年，我顺利考入华中师范大学马克思主义学院攻读思想政治教育专业的博士，其间有幸参加教育部全国高校思想政治工作队伍培训研修中心（华中师范大学）《高校思想政治工作前沿问题研究》一书的撰写工作。在刘宏达教授和万美容教授的悉心指导下，经过多次修改完善，我顺利完成《高校思想政治工作前沿问题研究》第九章“大力促进心理育人”的撰写工作，在此过程中，我对高校心理育人这一问题有了更加深入的理解与思考。于是，在书稿完成之后，我继续搜集整理相关文献资料，深入探讨高校心理育人的基本理论问题，进一步梳理了高校心理育人的历史发展脉络，总结概括高校心理育人发展的特点和趋势，并结合 16 年来学生工作中对心理育人的实践探索，在《高校思想政治工作前沿问题研究》一书第九章“大力促进心理育人”内容的基础上，完成了本书的撰写。

“让心灵洒满阳光”是我对大学生成长的一种美好期望，希望我们的教育能够像阳光一样照进每一位学生的心灵，洒满学生心灵的每一个角落，引导学生健康快乐地成长成才。本书撰写遵循理论逻辑、历史逻辑和实践逻辑，分别从高校心理育人的理论研究、历史沿袭、实践探索三个方面进行阐述。全书分为前言和正文两部分，前言部分是对高校心理育人时代价值的阐述，正文部分包含五章：第一章遵循理论逻辑对高校心理育人的科学内涵、功能、价值等理论问题进行阐释，厘清高校心理育人的基础理论问题；第二章遵循历史逻辑对高校心理育人的发展历程进行历史呈现，全面总结改革开放以来高校心理健康教育的历史经验与发展特点；第三章至第五章遵循实践逻辑分别阐述了大力促进高校心理育人的基本思路、关键环节和重点群体，积极探索大力促进高校心理育人的实践路径。

育人是一项系统工程，需要全面统筹办学治校各领域、教育教学各环节、人才培养各方面的育人资源和育人力量。心理育人作为高校思想政治工作质量提升工程“十大”育人体系之一，既需要调动心理育人各要素的作用以促使育人作用最大化，更需要与其他育人体系协同发挥育人功能。在本书的撰写中，虽然也尽力想要做到尽善尽美，但深知个人水平有限，书中还有很多值得继续深入挖掘和拓展研究的地方，敬请专家、同行及各位读者批评指正。

张海霞
2021 年 5 月 17 日